Körbe

Lieblingsstücke selbstgeflochten
für dich und dein Zuhause

Tabara N'Diaye

Fotos von Penny Wincer
Illustrationen von Aurelia Lange

südwest

Maman, Mamy, Grand-Mère – trois générations de femmes inspirantes sans qui cette aventure n'aurait pas été possible.

Für Maman, Mamy und Grand-Mère – Frauen aus drei Generationen, ohne die dieses Buch nicht entstanden wäre.

ISBN 978-3-517-09866-1

1. Auflage
Copyright für die deutsche Ausgabe: © 2020 by Südwest Verlag, einem Unternehmen der Verlagsgruppe Random House GmbH, Neumarkter Straße 28, 81673 München

Das Buch ist eine Übersetzung aus dem Englischen.
Titel der Originalausgabe: Baskets. Projects, techniques and inspirational designs for you and your home
Published in 2019 by Quadrille, an imprint of Hardie Grant Publishing.

Text Copyright © Tabara N'Diaye 2019
Fotografie Copyright © Penny Wincer 2019, außer S. 11 und 12 Copyright © Sidy Mohamed Kandji 2019
Illustrationen Copyright © Aurelia Lange
Design und Layout Copyright © Quadrille 2019

Alle Rechte vorbehalten. Vollständige oder auszugsweise Reproduktion, gleich welcher Form (Fotokopie, Mikrofilm, elektronische Datenverarbeitung oder durch andere Verfahren), Vervielfältigung, Weitergabe von Vervielfältigungen nur mit schriftlicher Genehmigung des Verlags.

Sollte diese Publikation Links auf Webseiten Dritter enthalten, so übernehmen wir für deren Inhalte keine Haftung, da wir uns diese nicht zu eigen machen, sondern lediglich auf deren Stand zum Zeitpunkt der Erstveröffentlichung verweisen.

Hinweis: Das vorliegende Buch ist sorgfältig erarbeitet worden. Dennoch erfolgen alle Angaben ohne Gewähr. Weder Autorin noch Verlag können für eventuelle Nachteile oder Schäden, die aus den im Buch gegebenen Hinweisen resultieren, eine Haftung übernehmen.

Projektleitung: Nina Sahm
Übersetzung: Wiebke Krabbe
Redaktion und Satz:
trans texas publishing services GmbH, Köln
Umschlaggestaltung für die deutschsprachige Ausgabe:
Vera Schlachter, München, unter Verwendung von Fotos von Penny Wincer.

Für die englische Originalausgabe:
Publishing Director: Sarah Lavelle
Jnr. Commissioning Editor: Harriett Butt
Copy Editor: Gillian Haslam
Design and Art Direction: Gemma Hayden
Photographer: Penny Wincer
Illustrator: Aurelia Lange
Prop Stylist: Nuala Sharkey
Production Director: Vincent Smith
Production Controller: Sinead Hering

Printed in China

www.suedwest-verlag.de

Inhalt

Vorwort	7
Geschichte + Kultur	10
Über dieses Buch	14
Material	16
Werkzeug	19
Kapitel 1: Gras	21
Kapitel 2: Peddigrohr	73
Kapitel 3: Kordel	107
Kapitel 4: Schnur	123
Adressen	141
Register	142
Dank	144

Vorwort

Ich bin in Paris aufgewachsen. Jedes Jahr im Juni, wenn die Schulglocke zum letzten Mal im Schuljahr läutete, stiegen mein Bruder, meine Schwester, unsere Mutter und ich sofort in ein Flugzeug nach Dakar, der Hauptstadt des Senegal, um dort die Sommerferien zu verbringen. Wir freuten uns auf das Land, in dem immer die Sonne scheint, und vor allem auf die Familie.

Mir hat es in Dakar immer gut gefallen. Ich habe die Wolken von pinkfarbener Bougainvillea an den Hausfassaden bestaunt, Nachmittage am Strand vertrödelt, große Gläser *bissap* getrunken (ein einheimisches Getränk aus getrockneten Hibiskusblüten) oder an einer belebten Straße eine *caleche* (Pferdewagen) angehalten. Thiès, die Heimatstadt meiner Eltern, liegt von Dakar aus eine Autostunde im Landesinneren. Wenn wir dort ankamen und die graue Tür zum Haus meiner Großmutter öffneten, in dessen Hof ein Mangobaum steht, fühlte ich mich zu Hause.

Ich schlenderte durch Thiès und erfreute mich am farbenfrohen Treiben der Märkte. Bis heute faszinieren mich die Kunsthandwerker, die dort unter der sengenden Sonne arbeiten und ihre Werke verkaufen. Vor allem die Auswahl der Korbstände hat mich (und mein Taschengeld) immer magisch angezogen. Da gab es große und kleine, manche mit spitzen Deckeln, andere mit bunten Mustern. Großartig fand ich, dass die Körbe normalerweise von Frauen geflochten wurden, die in den Dörfern lebten und ihr Können von Generation zu Generation weitergaben. Es war unglaublich, wie schnell sie flechten konnten und wie spürbar ihr Gemeinschaftsgefühl und ihre Freude an der Sache waren.

Als Teenager habe ich angefangen, diese schönen senegalesischen Körbe aus einheimischen Gräsern und bunten Schnüren zu kaufen. Ich habe sie für fast alles benutzt – Schmuck, Schminkutensilien, Wäsche. Als ich Jahre später meine erste eigene Wohnung einrichtete und hübsche Aufbewahrungshelfer brauchte, wusste ich genau, was ich wollte. Diese Körbe wecken schöne Erinnerungen an Menschen, Orte und Zeiten von früher.

2017 habe ich zusammen mit meiner Schwester das Label *La Basketry* gegründet. Wir arbeiten mit Korbflechterinnen aus Ngaye Mkeke, einem kleinen Dorf in der Nähe von Thiès zusammen, die wir mit den Jahren kennen- und schätzen gelernt haben.

Im gleichen Jahr habe ich selbst das Korbflechten gelernt. Das hatte ich mir schon lange

gewünscht. Zuerst habe ich alte Körbe zerlegt, dann habe ich Kurse in London besucht und schließlich direkt im Senegal gelernt. Ich war absolut begeistert. Gerade weil ich in einer hektischen Großstadt wohne, ist die Korbflechterei für mich eine ruhige Auszeit. Stundenlang kann ich mich damit beschäftigen, etwas Schönes aus Gräsern zu flechten. Ich vergesse Handy und To-do-Liste und konzentriere mich nur auf den Moment. Nicht jedes Projekt gelingt. Von abgebrochenen Nadeln und merkwürdig geformten Körben kann ich ein Lied singen. Aber ich genieße das Flechten sehr.

Inzwischen finden Körbe immer mehr Anklang. Man sieht sie überall im Internet; Korb-Lampenschirme sind gerade sehr angesagt, und in aller Welt tragen trendbewusste Frauen Korbtaschen mit sich herum. Dabei sind Korbwaren eher klischeebehaftet. Man stellt sich eine Korbflechterin als Großmutter vor, und obwohl Körbe so beliebt sind, halten viele Leute die Flechterei für kompliziert und langwierig, oder sie glauben, man bräuchte dafür viel Platz.

Tatsächlich gibt es viele verschiedene Techniken, manche einfach, andere schwieriger, und eine große Auswahl geeigneter Materialien. Hätten Sie gedacht, dass man sogar Wolle, Zeitungen oder Plastikbeutel verarbeiten kann? Ansonsten gilt, was auf jedes Handwerk zutrifft: Übung macht den Meister.

In diesem Buch möchte ich das traditionelle Handwerk in neuem Licht zeigen – mit zeitgemäßen Designs, die in moderne Wohnungen passen. Meine Projekte sollen auch Mut zum kreativen Experimentieren machen. Probieren Sie verschiedene Farben, Materialien und Muster aus, und schmücken Sie Ihr Zuhause mit Ihren Werken.

Körbe passen in jedes Zuhause und jeder, wirklich jeder, kann das Flechten lernen.

Tabara x

Geschichte + Kultur

Die Korbflechterei gilt als eines der ältesten Handwerke der Welt. Genau lässt sich seine Entstehungszeit nicht feststellen, denn die verwendeten Pflanzenmaterialien halten nicht ewig. In den ägyptischen Pyramiden wurden jedoch Körbe gefunden, die nach Schätzung von Archäologen 10 000 bis 12 000 Jahre alt sind.

Insofern ist es nicht verwunderlich, dass sich andere Handwerkstechniken aus der Korbflechterei entwickelt haben. Eine davon ist die Töpferei: Körbe wurden als Formen verwendet und mit Ton ausgekleidet. Wenn dieser getrocknet war, wurde die Tonschale zum Kochen verwendet. Auch die Weberei geht auf die Korbflechterei zurück. Die Technik, Grashalme über- und untereinander zu flechten, wurde später auf andere Materialien wie Wolle, Flachs und Baumwolle übertragen.

Faszinierend ist, dass in allen Kulturen der Welt irgendwann im Lauf der Geschichte Körbe geflochten wurden. Den Menschen standen Naturmaterialien wie Blätter, Zweige und Gräser zur Verfügung, und sie boten sich für die Herstellung geflochtener Behältnisse an. Früher wurden Körbe hauptsächlich verwendet, um Getreide zu lagern und Lebensmittel zu transportieren. Sie kamen aber auch in der Fischerei zum Einsatz und wurden zu Hochzeiten verschenkt.

In jeder Region wurden die dort heimischen Pflanzen für die Korbflechterei verwendet. In Asien werden vorwiegend Bambus und verschiedene Schilfarten verarbeitet, in Afrika sind Sisal, Palm- und Bananenblätter beliebter. Als Forscher neue Länder entdeckten und Völker von einem Land ins andere zogen, verbreiteten sich Korbwaren über geografische und gesellschaftliche Grenzen hinweg. So erklärt sich auch, wie beispielsweise westafrikanische Flechttechniken ihren Weg nach Amerika fanden.

Korbflechterei in aller Welt

Seit Urzeiten werden in aller Welt Körbe geflochten. Hier möchte ich einige Kulturen und ihre Traditionen etwas näher vorstellen.

Asien

Aus Asien kennt man verschiedenste Flechtwaren, von den traditionellen vietnamesischen Korbbooten bis zu den konischen Hüten, die auf dem ganzen Kontinent getragen werden. Verarbeitet werden hauptsächlich Bambus- und Schilfarten, allein dort wachsen über hundert unterschiedliche Bambusarten. Rattan wird in großem Stil nach Europa und in die USA exportiert. Früher wurden Bambuskörbe auf dem Land tagtäglich benutzt, aber sie hatten auch eine spezielle Rolle in der Kultur, etwa durch ihre Verwendung in Teezeremonien.

Europa

Das bekannteste Korbmaterial aus Europa ist Weide, allerdings wurden aus Kostengründen auch Hasel und andere Pflanzen verarbeitet, deren geschmeidige Ruten kostenlos in Wäldern oder an Feldrändern geschnitten werden konnten. Anbau und Verarbeitung von Weide ist aufwendig, und die Betriebe, von denen viele in Osteuropa angesiedelt sind, haben mit der Konkurrenz aus Asien zu kämpfen. Weidenruten werden jedes Jahr im Winter oder Vorfrühling geschnitten, bevor der Saft aufsteigt. Dann

In dem Dorf Ngaye Mkeke im Senegal treffen sich die Flechterinnen in den Höfen, um Körbe aus einheimischen Gräsern und langen, bunten Schnüren herzustellen.

11 | Geschichte + Kultur

Das Hauptmaterial bleibt meist unbehandelt, während Streifen oder geometrische Muster in verschiedenen Farben eingearbeitet werden.

müssen sie eine Zeit lang – von einigen Stunden bis zu zehn Tagen – eingeweicht werden.

Amerika

Die Körbe der amerikanischen Ureinwohner wurden relativ früh im Tauschhandel eingesetzt, weil sie wegen ihrer leuchtenden Farben und raffinierten Muster Anklang fanden. Auch die Dekorationen, beispielsweise Anhänger aus Steinen, Federn oder Muschelschalen, und die Verwendung von natürlichen Färbemitteln trugen zu ihrer Beliebtheit bei. Man muss im Zusammenhang mit der amerikanischen Korbflechterei aber auch die westafrikanischen Sklaven erwähnen, durch die afrikanische Techniken vor allem in die Südstaaten gelangten. Diese Sklaven haben in Amerika Gräser und Palmblätter gefunden, die denen in ihrer Heimat ähnelten, und aus ihnen schöne Körbe geflochten, die beispielsweise auf Reisplantagen benutzt wurden.

Afrika

Es liegt nahe, dass ein Kontinent mit über 50 Ländern eine enorme Korbvielfalt zu bieten hat – von den nordafrikanischen Einkaufskörben aus Palmblättern über Sisal- und Bastkörbe aus den Dörfern Ghanas bis zu meinen Lieblingskörben aus dem Senegal. Für viele Frauen ist die Korbflechterei heute noch eine Einnahmequelle. Vor allem auf dem Land wurden zahlreiche Kooperativen gegründet, die durch die Flechterei zum Einkommen der Gemeinschaft beitragen und das Handwerk am Leben erhalten. Heute verarbeiten senegalesische Frauen auch lange Schnüre aus recyceltem Plastik, die von Fabriken im Land geliefert werden. In Südafrika werden gebrauchte Telefonkabel verarbeitet, in Gambia Streifen von Plastik-Einkaufstüten. So bekommen Materialien, die sonst weggeworfen würden, einen neuen Zweck.

Korbflechterei heute

In den meisten Ländern hat sich die Korbflechterei im Lauf der Zeit verändert, aber sie wurde nie ganz aufgegeben. Und dass dieses Handwerk noch immer aktuell ist, beweisen die Korbsessel in Ihrem Lieblingscafé oder der Strohhut, den Sie bei Sonnenschein tragen.

Vielleicht gibt es nicht mehr so viele geschickte Korbflechterinnen wie früher. Da aber immer mehr Kunden statt Massenware lieber handwerklich gefertigte Dinge kaufen, hinter denen ein Mensch und eine Geschichte stehen, sind individuelle Körbe aus umweltfreundlichen Naturmaterialien in jeder Hinsicht zeitgemäß.

Über dieses Buch

Mit der Korbflechterei ist es wie mit vielen anderen Handwerkstechniken: Wer sie beherrscht, kann schöne, dekorative Dinge herstellen. Korbwaren sind außerdem sehr praktisch, denn man kann sie überall im Haus für viele verschiedene, alltägliche Zwecke benutzen.

Wenn Sie erst einmal gesehen haben, wie einfach das Flechten ist und wie wenig Werkzeug Sie dafür brauchen – hauptsächlich Ihre Hände –, werden Sie es sofort lernen wollen. Dabei hilft Ihnen dieses Buch. Sie brauchen keine Vorkenntnisse, aber wer etwas Erfahrung mit anderen handwerklichen Arbeiten hat, wird schnell Ähnlichkeiten zum Nähen, Weben oder zur Formgebung in der Töpferei feststellen. Aber selbst wenn Sie seit der Schulzeit nicht mehr gebastelt haben, können Sie sich an die Projekte heranwagen. Einige sind ganz einfach und für Einsteiger bestens geeignet, und alle werden Schritt für Schritt erklärt.

Durch die verschiedenen Projekte erfahren Sie auch etwas über die Geschichte der Korbflechterei und ihre Entwicklung im Lauf der Jahrhunderte. Im ersten Kapitel geht es um Gras (Seite 20–71), das erste Material, mit dem ich experimentiert habe. Es ist eine Hommage an die senegalesischen Körbe, die mir so gut gefallen und die hergestellt werden, indem man Plastikschnur mit einer Nadel um ein Kernmaterial – gebündelte Grashalme – schlingt.

Das Kapitel über Peddigrohr (Seite 72–105) wird Ihnen gefallen, wenn Sie gern richtig zupacken, denn dieses Material muss zuerst eingeweicht und dann gebogen werden, um Picknickkörbe, Tabletts oder andere schöne Dinge herzustellen.

Im dritten Kapitel mit der Überschrift Kordel (Seite 106–121) zeige ich eine moderne Version der Technik, die beim Flechten von Gras verwendet wird – diesmal aber mit der Nähmaschine.

Den Abschluss bildet ein Kapitel über das Flechten mit Schnur (Seite 122–140). Sie wird ähnlich verarbeitet wie Rattan, ist aber weicher, schont also die Hände. Weil Schnur in so vielen tollen Farben angeboten wird, lädt sie zu kreativen Experimenten ein.

In jedem Kapitel wird anhand des ersten Projekts die Grundtechnik des Flechtens mit dem jeweiligen Material vorgestellt. Dieses Projekt sollten Sie nicht überspringen, denn es ist wichtig, um sich mit Material, Techniken und Fachausdrücken vertraut zu machen. Wenn das erste Projekt gelungen ist, können Sie sich an weitere Flechtarbeiten wagen.

Die angegebenen Maße und Mengen sind nur grobe Richtwerte. Die exakten Werte hängen davon ab, wie fest Sie flechten. Es ist gut möglich, dass Ihr Werkstück fester oder lockerer ausfällt als meins, darum sollten Sie beim Material immer eine gute Reserve einplanen.

Die meisten Projekte in diesem Buch sind recht schlicht, damit Sie sich vor allem auf die Techniken konzentrieren können. Wenn Sie diese sicher beherrschen, können Sie anfangen, eigene Ideen umzusetzen. Vielleicht möchten Sie Peddigrohr färben, den Boden eines Korbs aus Tauwerk bemalen oder statt Plastikschnur Stoffstreifen ausprobieren.

Seien Sie unbedingt geduldig mit sich selbst. Handwerker lernen täglich dazu, das gilt auch für mich. Wenn Sie nicht nur die fertigen Projekte mögen, sondern auch Freude am Flechten haben, werden Sie vielleicht ein Hobby fürs Leben entdecken.

Material

Das Material spielt in der Korbflechterei eine wichtige Rolle, denn es bestimmt die Flechttechnik.

Plastikschnüre

In meiner Kindheit hießen diese bunten Bänder Scoubidous. Wir haben daraus massenhaft Freundschaftsarmbänder und Schlüsselanhänger geknüpft. Diese Flechtbänder bekommt man für wenig Geld in Bastelgeschäften und online, bunt gemischt oder in einzelnen Farben. Meist werden sie in Bündeln zu 50 oder 100 Stück mit einer Länge von 1 m angeboten.

Peddigrohr

Peddigrohr wird aus dem Stamm der Rattanpalme hergestellt, die in Südostasien wächst. Verkauft wird es gebündelt oder als Rollenware in verschiedenen Stärken. Die geeigneten Stärken für die Projekte in diesem Buch sind auf Seite 75 zusammengestellt.

Peddigrohr ist spröde und lässt sich in trockenem Zustand nicht flechten. Darum muss es zuerst in lauwarmem Wasser eingeweicht werden. Näheres zu den Einweichzeiten finden Sie auf Seite 91.

Sisal- und Juteschnur

Solche Schnur aus natürlichen Pflanzenfasern haben Sie vielleicht im Haus, denn sie wird relativ oft im Haushalt verwendet, etwa zum Verschnüren von Paketen oder Anbinden von Gartenpflanzen. Sisalschnur ist steif und rau, darum eignet sie sich gut als Kernmaterial. Juteschnur ist weicher und in vielen verschiedenen Farben erhältlich.

Baumwollkordel

Ich arbeite besonders gern mit weicher, glatter Paspelkordel aus reiner Baumwolle, weil sie Körben eine schöne, glatte Oberfläche gibt. Paspelkordel wird in verschiedenen Stärken angeboten.

Für die Projekte in diesem Buch eignet sich Kordel mit 6–8 mm Durchmesser am besten. Man kann sie fertig zugeschnitten kaufen, aber wesentlich preiswerter ist eine ganze Rolle mit 50 oder 75 m.

Gras

Im Grunde eignen sich alle getrockneten Gräser für die Korbflechterei, auch Getreidehalme können verwendet werden. Je nachdem, wo Sie leben, können Sie sich also kostenlos im Garten oder bei einem Spaziergang im Grünen mit Material versorgen.

Werkzeug

Für die Korbflechterei brauchen Sie nur wenige spezielle Werkzeuge. Die meisten haben Sie wahrscheinlich ohnehin im Haus.

Ahle Eine Ahle brauchen Sie unbedingt zum Arbeiten mit Peddigrohr, aber sie ist auch für andere Materialien praktisch. Man verwendet sie, um für einen Boden das Material zu durchstechen und um Lücken zum Durchflechten zu vergrößern.

Seitenschneider Unerlässlich zum Schneiden von Peddigrohr. Auch andere Materialien können damit geschnitten werden.

Malerkrepp Malerkrepp verwende ich gern zum vorübergehenden Fixieren. Vor allem gebündelte Gräser lassen sich damit sehr gut zusammenhalten.

Maßband Notwendig, um die Länge der Rohr-, Kordel- oder Schnurstücke abzumessen, und auch, um die Abmessungen des wachsenden Werkstücks im Blick zu behalten.

Nadeln Je nach Flechtmaterial brauchen Sie verschiedene Nadeln. Dicke Sticknadeln mit großem Öhr sind praktisch für Gräser, Naturfasern und ähnliche dicke Werkstoffe. Stabile Jeans- oder Ledernadeln empfehlen sich für die Arbeit mit Baumwollkordel. Kaufen Sie gleich mehrere, weil Nadeln brechen können.

Stabiles Nähgarn Es wird für Projekte aus Kordeln und Seilen benötigt und ist in Bastelgeschäften erhältlich. Besonders haltbar ist Takelgarn vom Segelmacher.

Zange Bei der Verarbeitung von Peddigrohr brauchen Sie eine Zange, um die Staken am Übergang zwischen Boden und Wand abzuknicken und aufrecht zu stellen.

Wäscheklammern Hilfreich, um Projekte in Spiraltechnik zu fixieren, damit sich die Wicklungen nicht lösen. Sie können auch Aktenklammern verwenden. Außerdem brauchen Sie Klammern, um handgefärbtes Peddigrohr zum Trocknen aufzuhängen.

Schere Eine gute Schere gehört zur Grundausstattung. Wichtig ist, dass die Klingen scharf sind, damit sich verschiedene Materialien leicht schneiden lassen.

Stecknadeln Ich benutze immer Stecknadeln mit farbigen Glasköpfen, weil man sie im Flechtmaterial leichter sieht.

Gummibänder Gummibänder sind praktisch, um Schnur zusammenzubinden. Für Peddigrohr ist stabile Haushaltsschnur geeignet.

Extras

Nähmaschine Für Körbe aus Kordeln brauchen Sie eine Nähmaschine mit Zickzackstich.

Eimer Peddigrohr ist spröde und muss vor der Verarbeitung in einem Eimer mit lauwarmem Wasser eingeweicht werden, damit es beim Flechten nicht bricht.

Cutter Vorsicht, scharf: Immer von der Hand weg schneiden, mit der Sie das Material halten. Für Gras genügt oft ein scharfes Küchenmesser.

Gras

Gras

Die historisch ältesten Körbe waren aus Gräsern oder Naturholzruten geflochten, insofern ist dies eine besonders traditionelle Technik. Graskörbe sehen schön rustikal aus.

Für die Projekte in diesem Kapitel eignen sich fast alle Grasarten, beispielsweise Straußgras, Strandhafer, Haferstroh, weiche Binsen, Süßgras und Segge. Es ist wichtig, das Gras vor der Verarbeitung sorgfältig zu trocknen, denn frisch geschnittenes Gras schrumpft während der Trocknung, und das wirkt sich auf das fertige Projekt aus. Die besten Zeiten, um Gräser zu schneiden, sind das zeitige Frühjahr oder der Spätherbst. Achten Sie darauf, dass die Halme möglichst lang sind.

Wenn Sie wie ich in einer Großstadt wohnen und nicht selbst Gras ernten können, sehen Sie sich in einem gut sortierten Gartencenter um. Denn auch viele Ziergräser eignen sich für die Flechterei. Alternativ könnten Sie auf Bast (auch Raffia genannt) ausweichen, den es für wenig Geld in vielen Farben in Bastelgeschäften gibt. Naturfarbigen Bast finden Sie preiswert im Gartencenter.

Gräser werden normalerweise mit der Spiraltechnik verarbeitet. Dabei wird zuerst ein Grasbündel zu einer sehr engen Schnecke aufgerollt und mit Nadel und Faden zusammengenäht. Dann legen Sie weitere gebündelte Grasbüschel immer weiter schneckenförmig herum und nähen jede Runde an der vorherigen fest.

Das klingt schwieriger als es ist. Auf Seite 24–27 wird die Grundtechnik ausführlich erklärt. Nach ein paar Versuchen wird sie Ihnen leicht von der Hand gehen.

Gras: Grundtechnik

Auf den nächsten Seiten lernen Sie die Grundlagen der Spiraltechnik mit Gräsern kennen: den Anfang, das Anfügen neuer Gräser und einer neuen Nähschnur, die Formgebung und die Fertigstellung. Weil wir mit Naturmaterialien arbeiten, fallen die Stücke jedes Mal etwas anders aus, und Sie sollten sich beim Anfertigen unbedingt auf Ihr Gefühl und Ihren eigenen Geschmack verlassen. Die Anleitungen und Abbildungen dienen als Orientierung, mitunter weicht die Anzahl der Stiche in der Anleitung von der Anzahl auf der Abbildung ab. Unregelmäßigkeiten sind gewollt und machen den Charm jedes einzelnen Stücks aus.

1. Zehn Halme zu einem Bündel von etwa 1,3 cm Durchmesser zusammenfassen. Die Schnittenden liegen auf gleicher Höhe, die natürlichen Enden sind ungleich lang. Das Bündel eine Daumenbreite unter den Schnittenden festhalten und mit Plastikschnur einen festen Überhandknoten (Seite 27) um die Enden binden. Die Plastikschnur in eine Nadel einfädeln. Nun das Bündel schneckenförmig um die zusammengebundenen Enden legen und mit Stichen durch die Mitte fixieren.

1

2

2. Die Halme weiterhin schneckenförmig wickeln und mit der Plastikschnur festnähen. Dabei immer durch die vorherige Runde stechen und gleichmäßige Abstände von 5 mm einhalten. Wenn die ersten Runden fertig sind, wird es einfacher, weil sich das Werkstück besser festhalten lässt. Für einen glatten Boden ist es wichtig, dass die gewickelte Schnecke ganz flach liegt.

3. Wenn Sie sich dem Ende des Bündels nähern, fügen Sie einfach neue Grashalme hinzu, sodass die Stärke des Bündels immer ungefähr gleich bleibt.

4. Wenn nur noch ein kurzes Ende der Plastikschnur (oder eines anderen Nähmaterials) übrig ist, vernähen Sie dies in der vorherigen Runde. Neue Schnur einfädeln, mit der Nadel einige Reihen weiter innen einstechen und neben dem letzten Stich der alten Schnur ausstechen. Das Ende der Schnur während der nächsten zwei oder drei Stiche festhalten, und später vernähen.

Die Schnur, die gerade nicht verwendet wird, auf der Rückseite hängen lassen.

3

4

5. Um vom Boden zur Wand überzugehen, legen Sie die nächste Runde nicht schneckenförmig um die vorherige, sondern senkrecht darauf. Sorgfältig festnähen, damit sie nicht verrutscht. Die folgenden Runden werden nun spiralförmig aufeinander fixiert. Achten Sie dabei darauf, dass die Wand rundherum schön gerade ausfällt.

6. Am Ende einige Halme des Kernmaterials abschneiden, damit das Bündel dünner wird. In der letzten Runde mit der Plastikschnur sehr feste Stiche nähen, sodass sich das Ende des Kerns nicht lösen kann.

Überknoten: So wird's gemacht

Diesen Knoten brauchen Sie, um bei der Spiraltechnik mit Gras (siehe Schritt 1, Seite 24) die Plastikschnur am Grasbündel (dem Kernmaterial) zu befestigen.

1. Die Schnur so um das Grasbündel legen, dass das linke Ende etwa 5 cm lang ist. Das rechte Ende liegt auf der anderen Seite des Bündels.

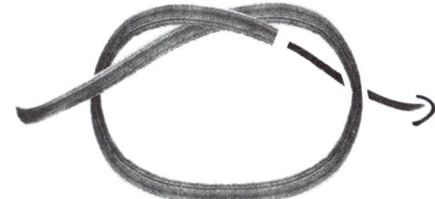

2. Das linke Ende hinter das rechte legen, sodass eine Schlaufe entsteht. Dann von unten durch diese Schlaufe führen und gut festziehen.

Untersetzer aus Gras

Ob für den Frühstückskaffee oder einen Drink mit Freunden: Untersetzer kann man nie genug haben. Dieses Projekt ist so einfach, dass es auch Einsteigern gelingt.

Material (für 1 Untersetzer):
1,2 m lange Stücke Naturfasermaterial
  (z. B. Süßgras, Bast oder Bananenfasern)
  für Bündel mit ca. 1,3 cm Durchmesser
  (entspricht ca. 10 Stück)
4 Stücke à 1 m weiße Plastikschnur
Nadel mit großem Öhr
Lineal oder Maßband
Schere

Dieses Projekt ist einfach und es gefällt mir, weil man den schneckenförmigen Aufbau so gut sieht.

1. Das Kernmaterial etwa eine Daumenbreite unter den Enden festhalten, mit Plastikschnur umwickeln und einen festen Überhandknoten binden (siehe Seite 27). Die Plastikschnur in die Nadel fädeln.

2. Das Bündel um den Knoten zu einer engen Schnecke rollen (die Richtung können Sie selbst bestimmen) und mit einigen Stichen durch die Mitte fixieren (siehe Schritt 2, Seite 24). Dies ist der schwierigste Teil. Lassen Sie sich nicht entmutigen, wenn es nicht auf Anhieb klappt.

3. Das Bündel weiter schneckenförmig aufrollen und mit der Plastikschnur festnähen. Dabei immer durch das Kernmaterial der vorherigen Runde stechen. Nach den ersten Runden wird es einfacher, weil sich das Werkstück besser festhalten lässt. Damit der Untersetzer schön rund wird, ist es wichtig, gleichmäßig zu wickeln und die Plastikschnur gleichmäßig festzuziehen. Falls der Kreis doch etwas unregelmäßig aussieht, drücken Sie ihn einfach in Form. Gras lässt sich recht gut formen, es wird aber schwieriger, wenn der Kreis größer wird. Darum vor allem bei den ersten Runden sorgfältig arbeiten.

4. Wenn das Bündel zur Neige geht, fügen Sie einfach neue Halme oder Fasern an und nähen Sie sie gut fest (siehe Schritt 3, Seite 25). Das Bündel muss immer gleichmäßig dick sein, sonst wird Ihr Untersetzer uneben (und das Glas wackelt).

5. Falls die Plastikschnur zur Neige geht, fügen Sie ein neues Stück an (siehe Schritt 4, Seite 25).

6. Insgesamt 6–8 Runden auf diese Weise arbeiten, bis der Untersetzer einen Durchmesser von etwa 9 cm hat. Mit der Plastikschnur einige Stiche durch die vorletzte Runde nähen, dann das Ende mit einem Kreuzstich sichern.

7. Das Ende der Plastikschnur sauber abschneiden. Fertig ist der Untersetzer! Wenn Sie mehrere fertigen möchten, können Sie für jeden die Schnur in einer anderen Farbe wählen.

Zweifarbige Tischsets

Diese Tischsets mit Stichen in zwei Farben werten jedes Alltagsessen auf, beeindrucken aber auch Gäste. Die Flechtarbeit ist eine gute Übung für Projekte, die einen glatten Boden haben, und sie zeigt den Einstieg in die Gestaltung von Mustern. Wählen Sie Farben, die zu Ihrer Wohnungseinrichtung passen.

Material (für 1 Set):
11 m getrocknete Gräser oder Bast, Bündeldurchmesser 1,5 cm
20 Stücke à 1 m schwarze Plastikschnur
20 Stücke à 1 m weiße Plastikschnur
2 Nadeln mit großem Öhr
Lineal
Schere

1. Für das Kernmaterial 10–12 Halme zu einem Bündel von etwa 1,5 cm Durchmesser zusammenfassen. Zum Nähen ein Stück schwarze Plastikschnur in die Nadel einfädeln. Einen flachen Kreis aus 6 Runden arbeiten (siehe Schritt 1 und 2, Seite 24–25).

2. Runde 7 mit der schwarzen Plastikschnur beginnen, aber nur bis zur Hälfte der Runde arbeiten.

3. Dann folgt der Farbwechsel für das zweifarbige Muster.

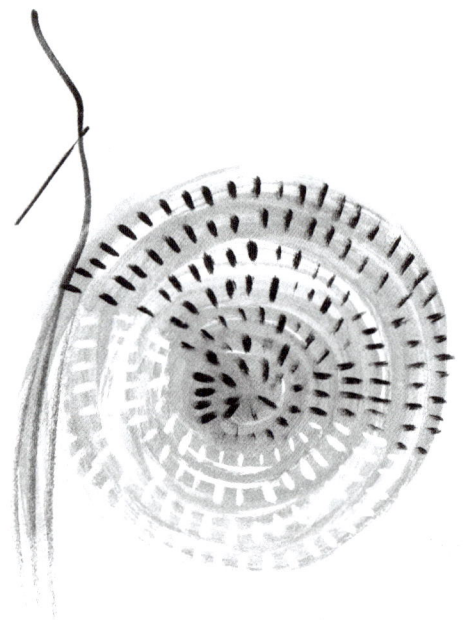

4. Eine weiße Plastikschnur in die zweite Nadel einfädeln und zwischen zwei Wicklungen der vorigen Runde einstechen. Die 7. Runde mit der weißen Schnur beenden.

5. Nun wieder die Nadel mit der schwarzen Plastikschnur aufnehmen und Runde 8 beginnen. Auch diese wird nur zur Hälfte gearbeitet.

6. Wie zuvor für die andere Hälfte der Runde mit der weißen Plastikschnur fortfahren.

7. Wann immer es nötig ist, neues Kernmaterial oder neue Plastikschnur ansetzen (siehe Schritt 3 und 4, Seite 25).

8. In derselben Weise fortfahren, bis der Kreis die gewünschte Größe hat. Für normales Tafelgeschirr empfiehlt sich ein Durchmesser von etwa 28 cm. Das entspricht 16–18 zweifarbigen Runden.

9. In der letzten Runde einige Grashalme abschneiden, damit das Bündel dünner wird. Für die Hälfte dieser Runde wird zum letzten Mal die Nadel mit dem schwarzen Garn verwendet. Damit der Rand schön fest wird, ziehen Sie das Garn kräftig an. Danach noch einmal in entgegengesetzter Richtung quasi zurücknähen, dabei in dieselben Löcher einstechen. So entstehen am Rand kreuzförmige Stiche. Die zweite Hälfte der Runde ebenso arbeiten, aber die weiße Plastikschnur verwenden. Die Schnurenden einige Runden tiefer im Kernmaterial vernähen, dann überstehende Enden kurz abschneiden.

Damit das Grasbündel schön gleichmäßig wird, können Sie es durch eine kleine runde Ausstechform mit dem vorgesehenen Durchmesser fädeln. Wenn das Bündel die Form nicht mehr ausfüllt, nehmen Sie einige Halme dazu.

Mini-Körbe

Kleine Körbe kann man immer gebrauchen: für Kleingeld, Modeschmuck oder sogar winzige Pflanzen. Als Gruppe sehen sie hübsch auf einem Regal oder dem Nachttisch aus. An diesem Projekt können Sie den Übergang vom Boden zur Wand und die Formgebung üben.

Material:
2 m getrocknete Gräser oder Bast,
  Bündeldurchmesser 1,5 cm
5 Stücke à 1 m Plastikschnur
  in Farben nach Wahl
Nadel mit großem Öhr
Lineal oder Maßband
Schere

Wenn Sie zum Nähen ein anderes Material verwenden möchten, sollte es reißfest sein. Gut geeignet sind hochwertiger Bast, handgesponnenes Leinengarn oder T-Shirt-Garn.

1. Für das Kernmaterial 10–12 Halme zu einem Bündel von etwa 1,5 cm Durchmesser zusammenfassen. Zum Nähen ein Stück Plastikschnur (hier schwarz) in die Nadel einfädeln. Einen flachen Kreis aus 6 Runden arbeiten (siehe Schritt 1 und 2, Seite 24–25).

2. Diese 6 Runden bilden den Boden. Danach wird das Kernmaterial in senkrechten Spiralrunden verarbeitet, sodass die Wand entsteht.

3. In Runde 7 das Kernmaterial direkt auf Runde 6 legen (siehe Schritt 5, Seite 26). Beim Festnähen ist wichtig, das Material mit der Hand gut an der richtigen Position festzuhalten und mit den Stichen dort zu fixieren.

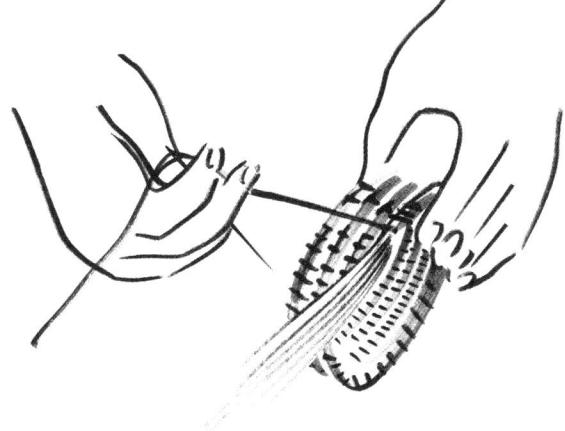

4. Auch die nächsten Runden werden jeweils auf die vorherige gelegt. Dabei auf gleichmäßige Spannung der Stiche achten und das Körbchen immer wieder aus verschiedenen Richtungen begutachten, um seine Form zu prüfen. Insgesamt 6 senkrechte Runden arbeiten.

5. Runde 7 mit schwarzer Plastikschnur beginnen, aber nur bis zur Hälfte arbeiten. Die schwarze Schnur in der vorherigen Runde vernähen.

6. Plastikschnur in einer anderen Farbe (hier grün) durch einige der tieferen Runden ziehen (siehe Schritt 4, Seite 25). Das Ende während der ersten Stiche festhalten. Runde 8 und 9 mit grüner Schnur arbeiten.

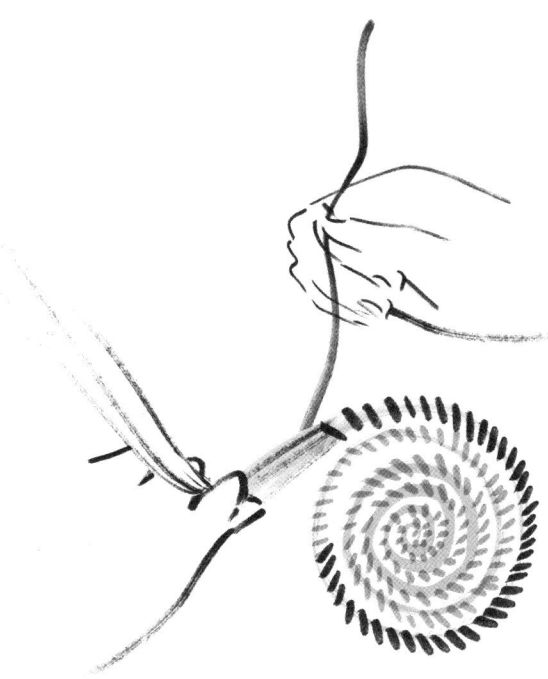

7. In der 10. Runde einige Halme abschneiden, damit das Bündel etwas dünner wird. Die Stiche in dieser abschließenden Runde besonders fest ziehen. Das Ende der Schnur vernähen und abschneiden.

Ideen für Stillleben

»Wo hast du denn den Seestern gefunden?« Kleine Stillleben, liebevoll auf einem Regal oder Tischchen arrangiert, sorgen immer für Gesprächsstoff.

Weil sie als Dekoration dienen, müssen sie nicht zweckmäßig sein. Jeder kann sein Stillleben nach eigenem Geschmack zusammenstellen. Brauchen Sie ein paar Tipps?

1. Am besten Ton in Ton – allerdings kann ein kleiner Farbtupfer auch toll aussehen. Verwenden Sie eine Farbkombination, die gut zur Raumeinrichtung passt, und bleiben Sie dabei konsequent.

2. Sorgen Sie mit verschiedenen Texturen für Abwechslung – hier der zart gemusterte Hintergrund auf der weißen Wand oder der leere Goldrahmen.

3. Variieren Sie die Höhen, um dem erkundenden Auge einen Weg vorzugeben. Körbe eignen sich dafür gut, weil es sie in allen Formen und Größen gibt. Auch Keramikgefäße oder Glasflaschen können schön aussehen.

4. Ein bisschen frisches Grün bringt Leben in das Arrangement. Außerdem strahlen Pflanzen Ruhe aus und helfen, die Raumluft zu verbessern.

5. Schaffen Sie mit einem ungewöhnlichen Element einen Blickfang – wie hier mit dem schönen Seestern, den ich von einer Reise mitgebracht habe.

Und schließlich: Wenn das Stillleben fertig ist, nehmen Sie ein Element wieder weg!

Schale mit Dreiecksmuster

Diese Schale mit dem Dreiecksmuster ist ein schöner Blickfang für die Wohnung, und praktisch ist sie allemal.

Material:
12 m getrocknete Gräser oder Bast,
   Bündeldurchmesser 1,5 cm
20 Stücke à 1 m grüne Plastikschnur
20 Stücke à 1 m weiße Plastikschnur
2 Nadeln mit großem Öhr
Lineal oder Maßband
Schere

1. Für das Kernmaterial 10–12 Halme zu einem Bündel von etwa 1,5 cm Durchmesser zusammenfassen. Zum Nähen ein Stück grüne Plastikschnur in die Nadel einfädeln. Einen flachen Kreis aus 7 Runden arbeiten (siehe Schritt 1 und 2, Seite 24–25).

2. Nun mit dem Dreiecksmuster beginnen. Drei Dreiecke befinden sich am Boden der Schale. Für Runde 8 flach schneckenförmig fortfahren. Mit grüner Plastikschnur beginnen, aber nicht die volle Runde Arbeiten, sondern nur 18–20 Stiche.

3. In die zweite Nadel weiße Schnur einfädeln und 2 Stiche arbeiten. Diese beiden Stiche bilden den Anfang des ersten Dreiecks. Die weiße Schnur auf der Rückseite lassen.

4. Nun wieder mit der ersten Nadel fortfahren und 18–20 Stiche in Grün arbeiten. Danach folgen wieder 2 Stiche in Weiß.

5. Schritt 4 wiederholen – damit ist Runde 8 fertig, und die Positionen der drei Dreiecke sind festgelegt. Die Abstände der Dreiecke sollen gleichmäßig sein.

6. Runde 9 mit grüner Schnur beginnen und bis zu den beiden weißen Stichen aus der vorherigen Runde arbeiten. 4 Stiche in Weiß anschließen, damit sich das Dreieck verbreitert. Danach mit grüner Schnur fortfahren. Bis zum Ende der Runde wiederholen.

7. Schritt 6 wiederholen, aber nun die Zahl der weißen Stiche auf 7 erhöhen. Die Runde beenden.

8. Schritt 6 wiederholen, aber nun die Zahl der weißen Stiche auf 10 erhöhen. Die Runde beenden. Damit sind die ersten drei Dreiecke fertig.

9. Die nächsten Dreiecke werden zwischen den ersten platziert. Außerdem müssen Sie nun für die Wand der Schale die Runden aufeinander anordnen (siehe Schritt 5, Seite 26).

10. Runde 12 mit grüner Schnur beginnen und 34 Stiche arbeiten. Der letzte Stich liegt mittig zwischen den letzten beiden Reihen weißer Stiche. Weiße Schnur einfädeln und 2 Stiche nähen. Sie bilden den Anfang des vierten Dreiecks. Abwechselnd 34 Stiche in Grün und 2 Stiche in Weiß arbeiten, bis die Runde fertig ist. Damit sind die Positionen des 4., 5. und 6. Dreiecks festgelegt.

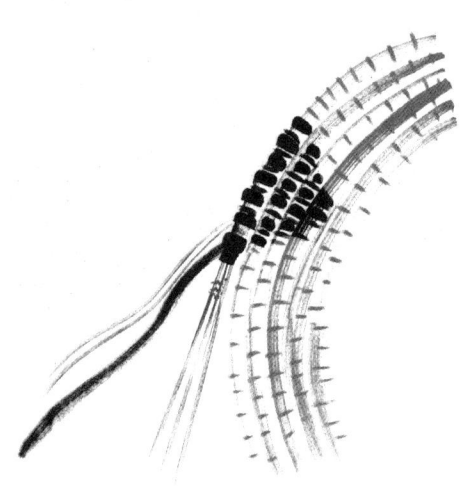
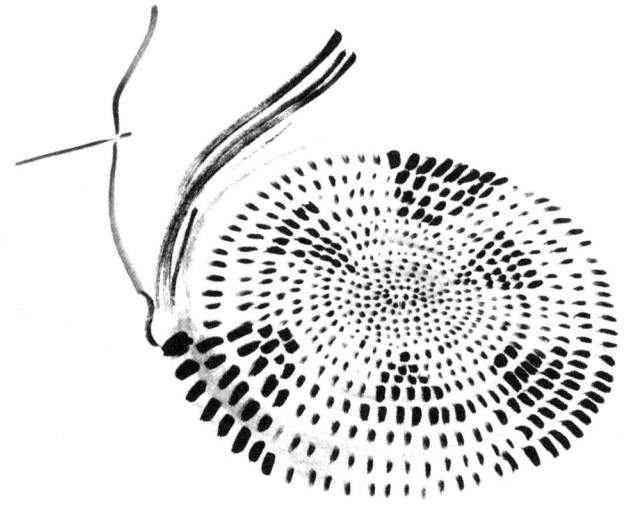

11. Schritt 6 mit 4 weißen Stichen wiederholen.

12. Schritt 7 mit 7 weißen Stichen wiederholen.

13. Schritt 8 mit 10 weißen Stichen wiederholen. Damit sind die nächsten drei Dreiecke fertig.

14. Nun folgen das 7., 8. und 9. Dreieck. Wieder werden sie zwischen den vorherigen Dreiecken angeordnet. Sie beginnen mit grüner Schnur und 40–42 Stichen (je nachdem, wie fest Sie nähen), danach folgen 2 weiße Stiche.

15. Bis zum Ende der Runde wiederholen. Damit sind die Positionen der neuen Dreiecke festgelegt.

16. Schritt 11–13 wiederholen, bis auch diese Dreiecke fertig sind.

17. Nachdem das 9. Dreieck fertig ist, wird eine ganze Runde mit grüner Schnur genäht, um die Wand der Schale zu beenden.

18. Für den Rand weiße Plastikschnur einfädeln und in der letzten Runde doppelte Stiche nähen, die sich überkreuzen. Nach der Hälfte der Runde einige Halme abschneiden, damit das Bündel dünner wird. Die Runde mit gekreuzten Stichen beenden. Das Ende der Plastikschnur vernähen und abschneiden.

Schale mit Blütenmuster

Für das interessante Muster dieser Schale wird mit Plastikschnur in drei Farben genäht. Das frühlingshafte Blütenmuster bringt den Frühling in jede Jahreszeit.

Material:
12 m getrocknete Gräser oder Bast, Bündeldurchmesser 1,5 cm
17 Stücke à 1 m rote Plastikschnur
17 Stücke à 1 m türkise Plastikschnur
6 Stücke à 1 m schwarze Plastikschnur
3 Nadeln mit großem Öhr
Lineal oder Maßband
Schere

1. Für das Kernmaterial 10–12 Halme zu einem Bündel von etwa 1,5 cm Durchmesser zusammenfassen. Zum Nähen ein Stück rote Plastikschnur in die Nadel einfädeln. Einen flachen Kreis aus 11 Runden arbeiten (siehe Schritt 1 und 2, Seite 24–25).

2. In Runde 12 abwechselnd 25 Stiche in Rot und 2 Stiche in Türkis arbeiten. Die jeweils nicht benutzte Schnur auf der Rückseite lassen.

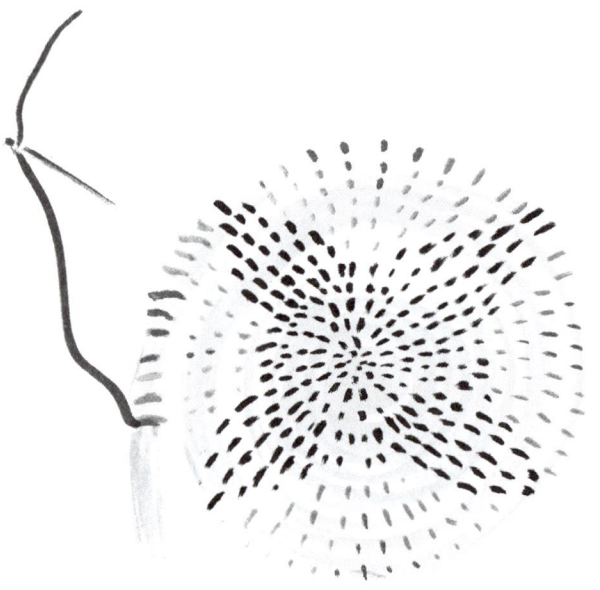

3. Von Runde 13 bis Runde 16 das Blütenmotiv aus roten und türkisen Stichen aufbauen, gleichzeitig für die Wand die Runden aufeinander anordnen (siehe Schritt 5 und 6, Seite 26). In jeder Runde erhöht sich die Anzahl der türkisen Stiche: 4 Stiche in Runde 13, 9 Stiche in Runde 14, 18 Stiche in Runde 15 und 32 Stiche in Runde 16.

4. Ab Runde 17 kommt die dritte Farbe hinzu. Sie wird für die dreieckigen Formen am oberen Rand benötigt. Im Wechsel 17 Stiche in Türkis, 7 Stiche in Rot, 17 Stiche in Türkis und 2 Stiche in Schwarz arbeiten.

5. Die Abfolge in Runde 18 lautet: 15 Stiche in Türkis, 4 Stiche in Rot, 15 Stiche in Türkis und 4 Stiche in Schwarz.

6. Die Abfolge in Runde 19 lautet: 18 Stiche in Türkis, 2 Stiche in Rot, 18 Stiche in Türkis und 8 Stiche in Schwarz. Damit ist das Blütenmotiv fertig.

7. In Runde 20 werden nur die Dreiecke fortgeführt. Sie arbeiten im Wechsel 12 Stiche in Schwarz und 16 Stiche in Türkis.

8. In Runde 21 im Wechsel 22 Stiche in Schwarz und 22 Stiche in Türkis arbeiten.

9. In Runde 22 abwechselnd 26 Stiche in Schwarz und 16 Stiche in Türkis arbeiten.

10. Runde 23 bildet den Rand, darum wird sie mit doppelten, sich kreuzenden Stichen genäht. Wenn das vierte und letzte schwarze Dreieck erreicht ist, die restlichen Halme abschneiden und das Ende der Plastikschnur mit einigen Stichen sichern.

Korbgalerie an der Wand

Bei der Inneneinrichtung ist es zurzeit sehr angesagt, eine ganze Wand als Galerie zu nutzen – für Familienfotos, Gemälde oder Poster. Natürlich können Sie auch verschiedene schöne Körbe an die Wand hängen. So eine Korbgalerie wirkt sehr frisch und aufmunternd.

Farben, Größen und Muster können Sie nach Belieben mixen. Je abwechslungsreicher, desto schöner. Hier verrate ich noch einige Tipps für eine gelungene Korbgalerie.

1. Zuerst gilt es, die richtige Wand zu finden – über dem Bett, dem Sofa oder dem Kamin, oder vielleicht in einer ungenutzten Nische im Flur? Für das Schlafzimmer empfehlen sich Körbe in sanften Tönen oder aus ungefärbten Materialien, denn sie wirken besonders ruhig.

2. Probieren Sie zuerst mehrere verschiedene Anordnungen auf dem Fußboden aus. Ein größerer Korb sollte den Blickfang der Gruppe bilden. Es steht aber nirgends geschrieben, dass der Blickfang unbedingt in der Mitte des Arrangements liegen muss.

3. Sie haben nicht so viele Körbe? Kein Problem, kombinieren Sie ruhig mit anderen Objekten, die gut mit Körben harmonieren. Wie wäre es mit Spiegeln, Strohhüten, Masken, Bildern oder Kunsthandwerklichem?

4. Zum Aufhängen der Körbe brauchen Sie Nägel oder Bilderhaken und einen Hammer. Es ist nicht notwendig, das Arrangement akkurat mit einer Wasserwaage auszurichten. Für Körbe aus Gras, die einen flachen Boden haben, verwende ich Büroklammern. Einfach die Klammer durch einige Stiche ziehen und aufhängen.

5. Das Schöne ist, dass eine Galeriewand nie »fertig« ist. Sie können jederzeit etwas hinzufügen, wegnehmen oder austauschen. Körbe, die Sie abnehmen, können gleich wieder in der Küche (oder anderswo) zum Einsatz kommen.

Korb mit flachem Deckel

Ein schlichter, geräumiger Korb mit Deckel ist ein praktischer Ordnungshelfer. Dieser hat an den Seiten Griffe, damit man ihn leicht tragen kann. Das Design ist ganz schlicht, damit Sie sich mit diesem Projekt erst einmal an das Arbeiten in größerem Format gewöhnen können.

Material:

Für den Korb
40 m getrocknete Gräser oder Bast, Bündeldurchmesser 1,5 cm
110 Stücke à 1 m weiße Plastikschnur
Nadel mit großem Öhr
Maßband
Schere

Für den Deckel
16 m getrocknete Gräser oder Bast, Bündeldurchmesser 1,5 cm
54 Stücke à 1 m weiße Plastikschnur

Für die Griffe
Stecknadeln mit farbigen Köpfen
Scharfes Messer
10 Stücke à 1 m weiße Plastikschnur

Achten Sie beim Aufbauen der Wand auf gleichmäßige Stiche. Gerade dort fallen Unregelmäßigkeiten besonders stark ins Auge.

1. Für das Kernmaterial 10–12 Halme zu einem Bündel von etwa 1,5 cm Durchmesser zusammenfassen. Zum Nähen ein Stück Plastikschnur in die Nadel einfädeln. Mit einem flachen Kreis für den Boden beginnen (siehe Schritt 1 und 2, Seite 24–25).

2. Nach 22 Runden sollte der Boden einen Durchmesser von etwa 30 cm haben. Nun wird die Wand aufgebaut. Dafür die Runden senkrecht aufeinander anordnen (siehe Schritt 5 und 6, Seite 26).

3. Fortlaufend weitere Runden arbeiten, aber darauf achten, dass jede direkt auf der vorherigen liegt. Dafür müssen Sie das Kernmaterial an der richtigen Position festhalten und dann mit den Stichen fixieren.

4. Auf gleichmäßige Spannung der Stiche achten. Beim weiteren Aufbauen der Wand immer wieder aus verschiedenen Blickwinkeln prüfen, ob der Korb gerade ist. Bei Bedarf neues Material hinzunehmen (siehe Schritt 3 und 4, Seite 25). Für die Wand insgesamt 40 Runden arbeiten, bis der Korb etwa 19 cm hoch ist.

5. Einige Halme des Kernmaterials abschneiden, damit das Bündel dünner wird. Dann Runde 42 arbeiten. Dabei die Stiche besonders sorgfältig festziehen. Das Ende der Nähschnur im Kernmaterial vernähen.

Die Griffe

6. Den Korb auf eine Arbeitsfläche stellen. Mit einer Stecknadel einen Punkt in der dritten Runde von oben markieren. Hier beginnt der Griff. Eine zweite Stecknadel im Abstand von 6 cm zur ersten einstechen.

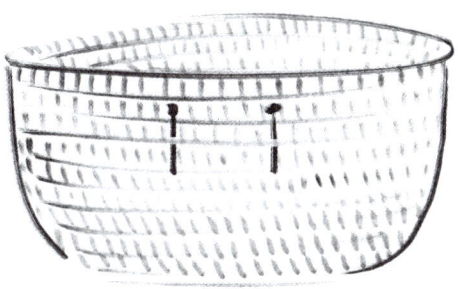

7. 2 cm unterhalb dieser beiden Punkte zwei weitere Nadeln einstechen. Die vier Nadeln kennzeichnen die beiden Reihen, die für den rechteckigen Griff herausgeschnitten werden müssen.

8. Mit einem scharfen Messer das Material innerhalb des markierten Rechtecks ausschneiden. Auf der gegenüberliegenden Seite des Korbs den zweiten Griff ebenso vorbereiten.

9. Damit der Korb an den Griffen nicht ausfranst, werden die Schnittkanten mit weißer Plastikschnur dicht an dicht mit Stichen, die sich überkreuzen, umstochen.

10. Der fertige Korb ist etwa 21 cm hoch, hat einen oberen Durchmesser von 38 cm und zwei ausgeschnittene Griffe von 6 x 2 cm Größe.

Der Deckel

11. Zuerst einen flachen Kreis aus 24 Runden arbeiten (siehe Schritt 1 und 2, Seite 24–25). Der Durchmesser beträgt 38 cm. Den Deckel auf den Korb legen und prüfen, ob er passt.

12. Nun für den Rand die nächsten 3 Runden senkrecht aufeinanderarbeiten (siehe Schritt 5 und 6, Seite 26). Der Rand sitzt auf der Außenseite des Korbs.

13. Gegen Ende der Runde einige Halme des Kernmaterials abschneiden, damit das Bündel dünner wird. Die Runde beenden und die Plastikschnur im Kernmaterial vernähen.

Ali-Baba-Korb

Ich kann mich noch gut an das Märchen *Ali Baba und die vierzig Räuber* aus meiner Kindheit erinnern. Die Räuber hatten einen Schatz in einer Höhle versteckt. Dieser Korb im orientalischen Stil eignet sich zum Aufbewahren von Spielzeug, Wäsche oder anderen Dingen, die nicht in der Wohnung herumliegen sollen. Das Flechten ist nicht so ganz einfach, aber der Korb sieht großartig aus. Wer sich an dieses Projekt wagen möchte, sollte vorher die Schale mit Dreiecken (Seite 46–49) flechten, um sich mit der Technik vertraut zu machen.

Material:

Für den Korb
35 m getrocknete Gräser oder Bast, Bündeldurchmesser 1,5 cm
105 Stücke à 1 m weiße Plastikschnur
30 Stücke à 1 m türkise Plastikschnur
2 Nadeln mit großem Öhr
Maßband
Schere

Für die Griffe
10 Stücke à 1 m weiße Plastikschnur
10 Stücke à 1 m türkise Plastikschnur
Stecknadeln mit farbigen Köpfen
Ahle oder Küchenmesser

Für den Deckel
17 m getrocknete Gräser oder Bast, Bündeldurchmesser 1,5 cm
54 Stücke à 1 m weiße Plastikschnur
8 Stücke à 1 m türkise Plastikschnur

1. Für das Kernmaterial 10–12 Halme zu einem Bündel von etwa 1,5 cm Durchmesser zusammenfassen. Zum Nähen ein Stück weiße Plastikschnur in die Nadel einfädeln. Mit einem flachen Kreis für den Boden beginnen (siehe Schritt 1 und 2, Seite 24–25).

2. Nach 15 Runden sollte der Boden einen Durchmesser von etwa 23 cm haben. Ab Runde 16 werden für die Wand des Korbs die Runden senkrecht aufeinander platziert. Die Stiche wie gewohnt arbeiten. Dafür müssen Sie das Kernmaterial an der richtigen Position festhalten und dann mit den Stichen fixieren.

3. Auf gleichmäßige Spannung der Stiche achten. Beim weiteren Aufbauen der Wand immer wieder aus verschiedenen Blickwinkeln prüfen, ob der Korb gerade ist. Bei Bedarf neues Material hinzunehmen (siehe Schritt 3 und 4, Seite 25). Weitere 4 senkrechte Runden arbeiten.

4. Von Runde 22 bis Runde 28 abwechselnd Stiche in Weiß und Türkis arbeiten, um das Dreiecksmuster zu gestalten. Die nicht benutzten Fäden auf der Rückseite lassen.
Die Abfolge der Stiche lautet:
Runde 22: 45 Stiche in Weiß, 2 Stiche in Türkis, 45 Stiche in Weiß, 2 Stiche in Türkis, 45 Stiche in Weiß.
Runde 23: 3 Stiche in Türkis
Runde 24: 4 Stiche in Türkis
Runde 25: 5 Stiche in Türkis
Runde 26: 6 Stiche in Türkis
Runde 27: 7 Stiche in Türkis
Runde 28: 8 Stiche in Türkis
Damit sind die drei unteren Dreiecke fertig.

5. Die drei mittleren Dreiecke werden zwischen den vorherigen angeordnet. In Runde 29 mit weißer Schnur beginnen und 25 Stiche arbeiten. Der letzte Stich liegt zwischen den letzten beiden Gruppen türkiser Stiche in Runde 28. Mit türkiser Schnur 2 Stiche einfügen, um den Beginn des nächsten Dreiecks zu markieren. Abwechselnd 25 Stiche in Weiß und 2 Stiche in Türkis arbeiten, bis die Runde beendet ist. Damit sind die Positionen der nächsten Dreiecke festgelegt.

6. Nun geht es in dieser Abfolge weiter:
Runde 30: 3 Stiche in Türkis
Runde 31: 4 Stiche in Türkis
Runde 32: 5 Stiche in Türkis
Runde 33: 6 Stiche in Türkis
Runde 34: 7 Stiche in Türkis
Runde 35: 8 Stiche in Türkis
Damit sind die drei mittleren Dreiecke fertig.

7. Die drei oberen Dreiecke liegen genau über den drei unteren. Die Runde mit 50–52 Stichen in Weiß beginnen (je nachdem, wie fest Sie arbeiten), dann 2 Stiche in Türkis anschließen.

8. Schritt 7 bis zum Ende der Runde noch zweimal wiederholen. Damit sind die Positionen der dritten Dreiecke festgelegt. Die Dreiecke wie zuvor fertigstellen.

9. Wenn das neunte und letzte Dreieck fertig ist, mit weißer Schnur fortfahren. Um den Rand zu verstärken, jeden Stich so verdoppeln, dass ein kleines Kreuz entsteht. Am Ende der Runde das restliche Kernmaterial abschneiden und die Plastikschnur mit einigen Stichen vernähen.

Die Griffe

10. Das Material für die Griffe vorbereiten. Je 5 Stücke Plastikschnur in Weiß und Türkis zur Seite legen.

11. Den Korb auf eine Arbeitsfläche stellen. Die Position des ersten Griffs festlegen – auf einem Bereich, der mit weißen Schnur genäht wurde, damit der Griff kein Muster verdeckt.

12. Zwischen Runde 2 und 3 von oben zwei Punkte im Abstand von 5 cm mit Stecknadeln markieren. Dasselbe für den zweiten Griff auf der anderen Seite des Korbs wiederholen. Auch er soll kein farbiges Dreieck verdecken.

13. Mit einer Ahle oder einem flachen Küchenmesser an der Position der ersten Stecknadel ein Loch in die Korbwand stechen. Ein Bündel aus 5 weißen und 5 türkisen Plastikschnüren durchstecken und auf der Innenseite des Korbs verknoten.

14. Auf der Außenseite des Korbs mit den Schnüren einen 15 cm langen Zopf flechten. Mit der Ahle oder dem Messer an der zweiten Stecknadel ein Loch in die Korbwand stechen, das Ende der Schnüre durchstecken und innen fest verknoten. Die Enden in etwa 1 cm Abstand zum Knoten abschneiden.

15. Den zweiten Griff auf der anderen Seite des Korbs ebenso arbeiten.

Für den Deckel bitte umblättern. >>

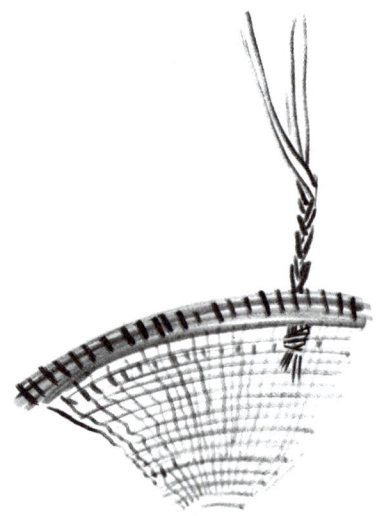

Der Deckel

16. Mit weißer Plastikschnur einen flachen Boden aus 4 Runden (ca. 5 cm Durchmesser) arbeiten. Dann 6 Runden senkrecht aufeinander anordnen und die Stiche recht fest anziehen. Das ist der Griff in der Mitte des Deckels.

17. Die nächsten 8 Runden werden schräg übereinander gearbeitet, sodass sich eine Trichterform ergibt.

18. Wie im Korb wird auch im Deckel ein Muster aus drei Dreiecken eingearbeitet. Runde 19 mit 2 Stichen in Türkis beginnen. Die Zahl der türkisen Stiche von Runde zu Runde erhöhen, bis 9 Stiche erreicht sind.

19. Eine komplette Runde (Runde 27) nur mit weißen Stichen arbeiten.

20. In Runde 28 jeweils mittig zwischen den vorherigen Dreiecken 2 Stiche in Türkis einarbeiten. In Runde 29 wird diese Anzahl auf 3 Stiche in Türkis erhöht.

21. Den Deckel auf den Korb legen, um die Größe zu prüfen. Ist er zu klein, weitere Runden arbeiten. Dabei die Anzahl der türkisen Stiche wie zuvor erhöhen. Der Deckel sollte etwas größer sein als der obere Durchmesser des Korbs.

22. In der letzten Runde das Bündel verjüngen und die Stiche kreuzweise anordnen.

23. Für den inneren Rand des Deckels den inneren Umfang des Korbs messen und in diesem Maß einen Ring aus 2 Runden arbeiten.

24. Für den inneren Rand des Deckels den inneren Umfang des Korbs messen und in diesem Maß einen Ring aus 2 Runden arbeiten.

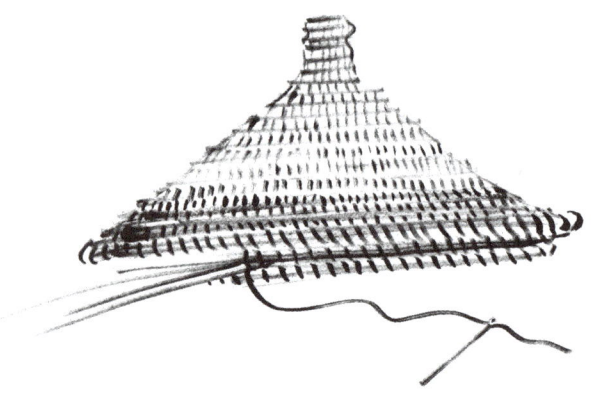

Wenn sich ihr Korb zu weich anfühlt oder eine unregelmäßige Form bekommt, erhöhen Sie die Anzahl der Stiche pro Runde, um ihn zu stabilisieren.

Eigene Variationen

Körbe gibt es in allen Größen, Farben und Formen. Wer möchte, kann die Projekte in diesem Buch gern nach eigenem Geschmack abwandeln. Dabei gilt es allerdings einige Dinge zu beachten.

Größe

Die genaue Größe des fertigen Korbs hängt immer von dem verwendeten Material ab. Eine Rolle spielt aber auch, wie fest oder locker Sie arbeiten. Jeder entwickelt mit der Zeit ein Gefühl für die Spannung. Die Materialangaben in diesem Buch sind großzügig kalkuliert, um solche Variationen aufzufangen.

Weil die Festigkeit der Stiche Einfluss auf die Größe des Korbs hat, sollten Sie Ihr Werkstück zwischendurch gelegentlich messen. Falls nötig, können Sie dann etwas fester oder lockerer arbeiten, um Größenabweichungen auszugleichen.

Der Durchmesser des Bodens bestimmt den Durchmesser des ganzen Korbs. Wer also ein Projekt vergrößern möchte, muss vor allem auf den Boden achten.

Design

Hier haben Sie grenzenlose Möglichkeiten. Am einfachsten ist es, mit Schnur in anderen Farben zu arbeiten – vielleicht auch nur für den Rand. Das genügt schon, um Ihrem Korb eine individuelle Note zu geben.

Muster wie Quadrate, Dreiecke und Zackenlinien gefallen mir besonders gut. Solche geometrischen Muster eignen sich gut für die Korbtechnik mit Gras, weil man nur die Anzahl und/oder Position der kontrastfarbigen Stiche verändern muss.

Wenn Ihnen ein ganz anderes Muster vorschwebt, sollten Sie es auf Papier grob vorzeichnen und einige Farbkombinationen ausprobieren, bevor Sie mit einem Korb anfangen.

Peddigrohr

Peddigrohr

Körbe aus Peddigrohr haben von Natur aus einen hellen, eleganten Farbton, und oft bestechen sie auch durch ihre kunstvollen Flechtmuster. Das Material wird, wie Rattan, aus dem Stamm der Rattanpalme gewonnen, die wild in den Urwäldern tropischer Länder wächst. Besonders hochwertiges Rattan und Peddigrohr kommt aus Südostasien und Afrika. Die stachelige Rinde der Pflanze wird entfernt, bevor das Innere des Stamms in verschiedenen Stärken aufgespalten wird. In der Tabelle auf der gegenüberliegenden Seite sind die Stärken angegeben, die für die Projekte in diesem Buch verwendet werden.

Peddigrohr ist zu spröde, um es in trockenem Zustand zu flechten, darum muss es vor der Verarbeitung in lauwarmem Wasser eingeweicht werden. Die Einweichzeit hängt von der Stärke des Materials ab und ist oft auch auf der Verkaufsverpackung angegeben. Als Faustregel gilt: Wenn sich das Rohr biegen lässt, ohne zu brechen, kann die Flechtarbeit beginnen.

Beim Flechten mit Peddigrohr spricht man – wie auch bei der Arbeit mit Weiden- oder Haselruten – von »Staken« und »Strängen«. Die Staken bilden das Gerüst, sie sind an einem runden Korbboden strahlenförmig und an der aufrechten Korbwand senkrecht angeordnet. Die Stränge werden zwischen den Staken auf und ab geflochten – am Boden kreisförmig, an der Wand in waagerechten Runden. Zuletzt werden die Staken umgebogen, um den oberen Rand zu bilden. Die Step-Fotos auf Seite 76–79 zeigen die Grundtechnik, die Sie für alle Projekte kennen sollten. Da die Korbflechterei ein sehr altes, traditionelles Handwerk ist, sind in manchen Regionen auch andere Bezeichnungen für die Staken und Stränge gebräuchlich.

Bei der Arbeit mit Peddigrohr brauchen Sie einen Eimer mit lauwarmem Wasser. Wenn es abkühlt, muss heißes Wasser nachgefüllt werden. Es dauert eine Weile, bis das Rohr weich genug ist. Lassen Sie es lieber etwas länger einweichen und gönnen Sie sich inzwischen eine gemütliche Teepause.

Peddigrohr: verschiedene Stärken

Nicht jeder wohnt in der Nähe eines gut sortierten Bastelgeschäfts, in dem Peddigrohr in verschiedenen Stärken zu bekommen ist, aber zum Glück kann man heute fast alles im Versandhandel bestellen.

Die folgende Tabelle gibt einen Überblick über die Stärken, die in diesem Buch verwendet werden. Wenn Sie die in der Anleitung angegebene Stärke nicht bekommen, kaufen Sie einfach die nächstgrößere.

Stärke	Nr. 5	Nr. 6	Nr. 8	Nr. 10	Nr. 14
Durchmesser (mm)	2,5 mm	2,65 mm	3 mm	3,3 mm	4,25 mm
US-Nummer	Nr. 3	Nr. 4	Nr. 4,5	Nr. 5	Nr. 6,5
Durchmesser (Zoll)	3/32	7/64	1/8	9/64	3/16

Flechttechnik

Für alle Projekte in diesem Buch wird die gleiche Grundtechnik angewandt. Sie flechten jeweils zwei Stränge Rohr durch das Gerüst aus Staken. Den ersten Strang (A) vor die rechts von ihm liegende Stake und über den zweiten Strang (B) legen, siehe Illustration unten.

Wichtig ist, dass kein Strang den anderen während der Arbeit überholt. Weitere Tipps zum Flechten mit Peddigrohr finden Sie auf den folgenden Seiten.

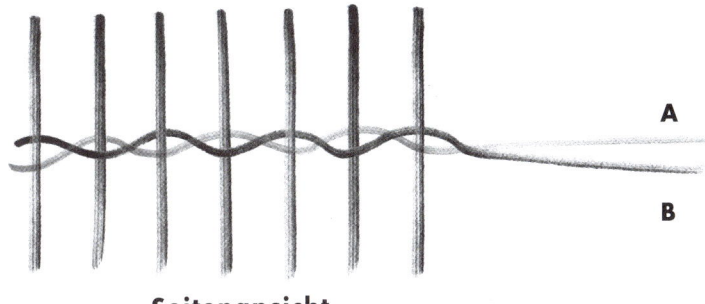

Seitenansicht

Peddigrohr: Grundtechnik

Hier lernen Sie die grundlegenden Schritte beim Flechten mit Peddigrohr kennen, vom Aufbau eines Bodens über das Einfügen neuer Staken und die Formgebung bis zum Rand. Diese Techniken werden für alle Projekte in diesem Buch benötigt.

1. Zuerst muss ein Bodenkreuz hergestellt werden. Dafür schneiden Sie mit dem Seitenschneider 8 Stücke von je 20 cm Länge in der angegebenen Stärke. Eins der Stücke durchstechen Sie in der Mitte mit der Ahle.

2. Drei weitere Stücke in der Mitte mit der Ahle durchstechen, die vier anderen Stücke bleiben unversehrt.

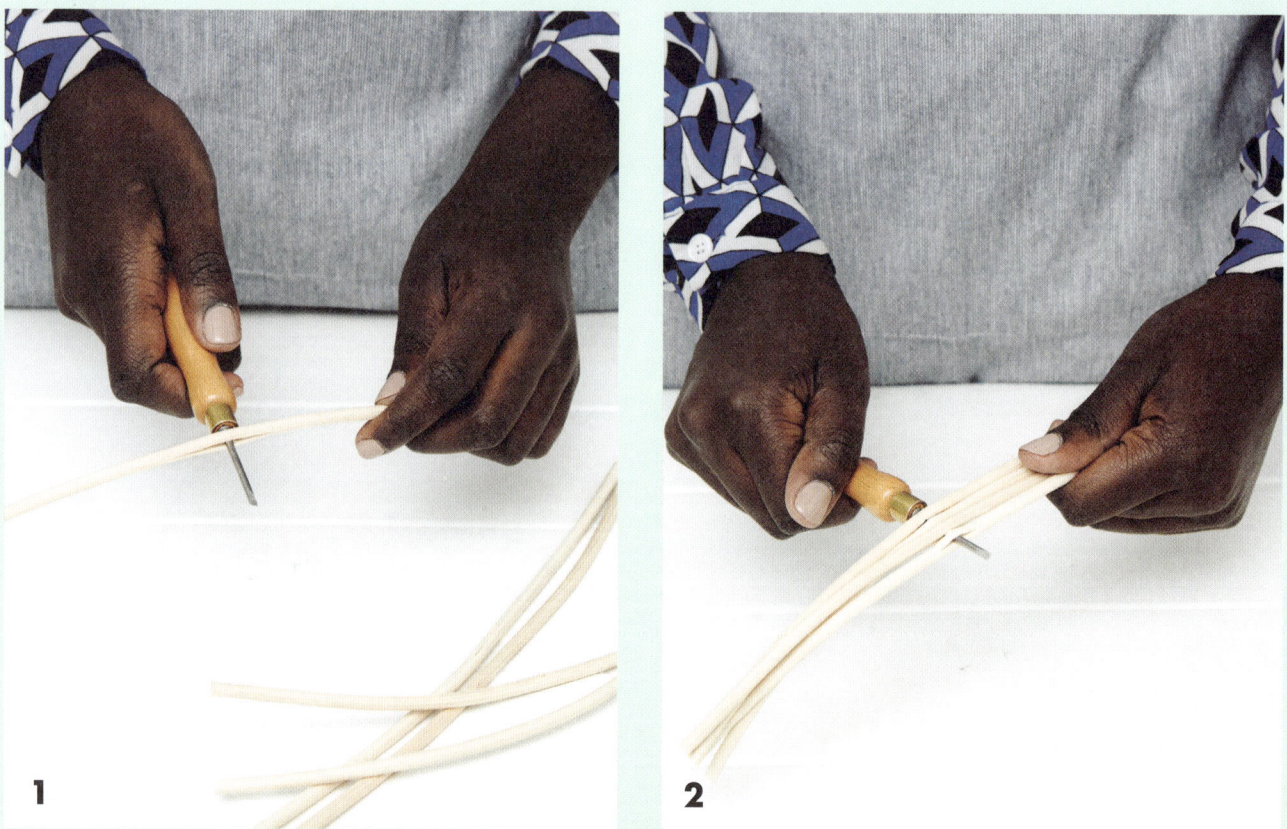

76 | Peddigrohr

3. Die vier ungelochten Stücke so durch die gelochten stecken, das ein Kreuz entsteht. Wenn für ein Projekt das Bodenkreuz aus 3 x 3 oder 6 x 6 Rohrstücken bestehen muss, gehen Sie ebenso vor. Nun einige Stücke Peddigrohr in lauwarmem Wasser einweichen. Jedes Stück locker aufrollen, sodass es gut in den Eimer passt, und zusammenbinden, damit sich die Bündel nicht lösen und verheddern.

4. Einen Strang über vier Staken des Bodenkreuzes legen und bis an den Kreuzungspunkt schieben. Den unteren Strang (A) mit dem linken Daumen festhalten. Das ist der Strang, der auf dem Foto diagonal über das Kreuz verläuft. Den oberen Strang (B) um die erste Vierergruppe des Kreuzes und unter die zweite Vierergruppe legen. Gut festziehen, dann das Bodenkreuz um 90 Grad entgegen dem Uhrzeigersinn drehen. A liegt nun über B. Nun B mit dem linken Daumen festhalten und A über die nächste und unter die übernächste Vierergruppe legen. A liegt nun unter B. Wiederholen, bis zwei Runden geflochten sind.

5. Nun die Staken in Zweiergruppen teilen. Dabei wird dieselbe Flechttechnik beibehalten. Den unteren Strang (A) mit dem linken Daumen festhalten. Den oberen Strang (B) über die nächsten 2 Staken und unter die übernächsten 2 Stanken legen. Gut festziehen, dann das Bodenkreuz um 90 Grad entgegen dem Uhrzeigersinn drehen. A liegt nun über B.

6. Schritt 5 wiederholen, bis der Boden um insgesamt 3 Runden angewachsen ist.

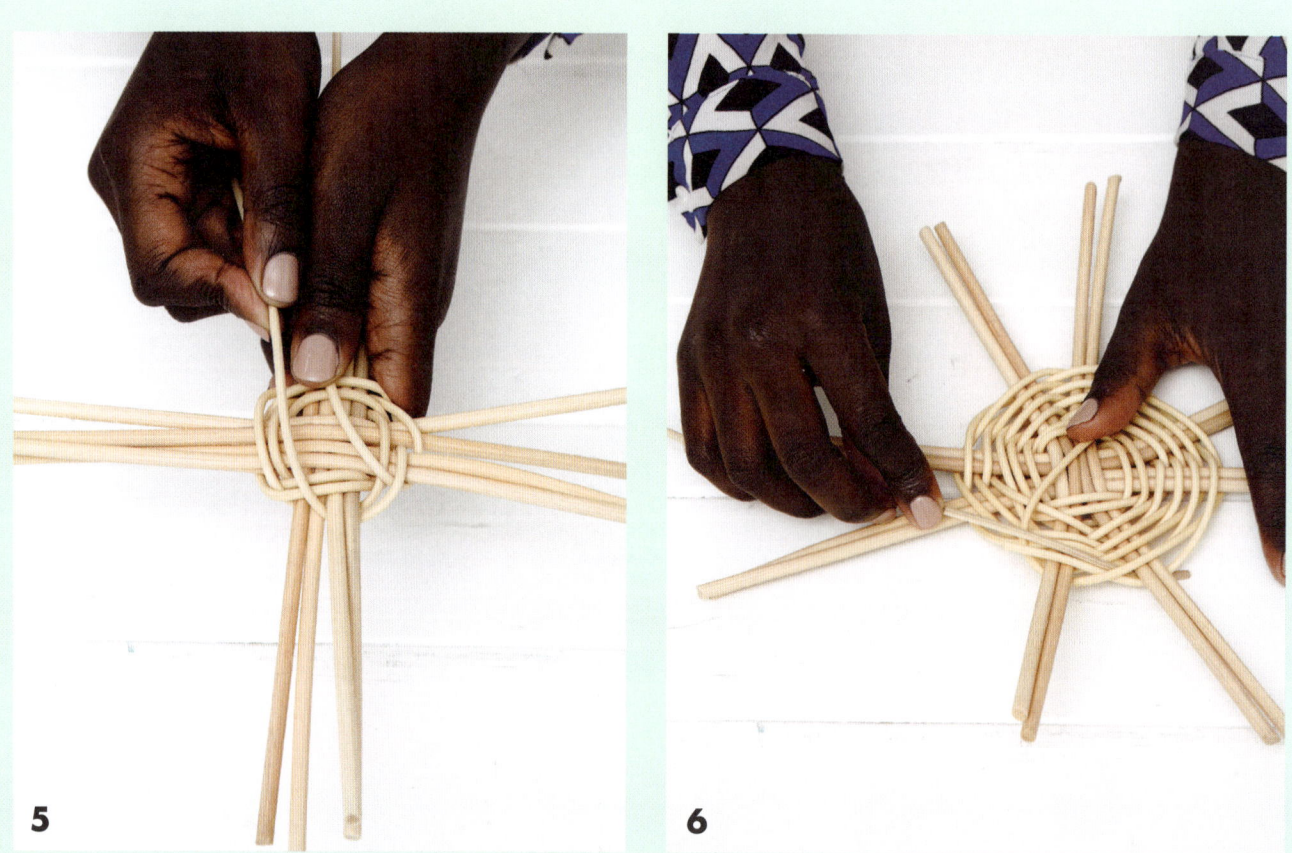

7. Die nächsten Runden werden zwischen den einzelnen Staken geflochten. Dafür müssen zuerst die Staken wie Radspeichen gespreizt werden, damit sich die Stränge gut dazwischenlegen lassen. Falls sich das Rohrmaterial spröde anfühlt, weichen Sie es ruhig noch einmal ein. Die Staken schön gleichmäßig spreizen und weiter wie zuvor flechten.

8. Wenn der Boden die gewünschte Größe hat, werden für die Wand des Korbs neue Staken eingefügt und senkrecht nach oben gebogen. Die Staken mit dem Seitenschneider zuschneiden und rechts von den Staken des Bodenkreuzes einfügen. Falls nötig, dafür den Zwischenraum mit der Ahle etwas weiten. Einige Minuten einweichen, dann die neuen Staken am Bodenrand mit der Zange zusammenkneifen und nach oben umknicken.

7

8

9. Die Projekte in diesem Buch haben einen einfachen, aber dekorativen Rand. Wenn der Korb die gewünschte Höhe hat, die Staken 5–10 Minuten einweichen. Danach jede Stake mit der Zange direkt über dem Rand zusammenkneifen und nach rechts umknicken.

10. Eine Stake erfassen, hinter die Stake rechts von ihr ziehen, dann nach vorn aus dem Korb heraus. Nun die Stake, hinter welche eben die vorherige gelegt wurde, erfassen. Hinter die Stake rechts davon ziehen, dann nach vorn aus dem Korb heraus. Fortlaufend bis zum Ende der Runde wiederholen. Danach die Enden gleichmäßig abkneifen – aber nicht zu kurz, damit sich der Rand nicht löst.

9

10

Wenn von einem Projekt Peddigrohr übrig bleibt, lassen Sie es gut austrocknen. Feucht gelagertes Peddigrohr kann schimmeln.

Frühstücks- tablett

Als ich zum ersten Mal ein Foto dieses Peddigrohrtabletts in den sozialen Medien veröffentlichte, schrieb jemand, das sähe nach einer entspannenden, befriedigenden Beschäftigung aus. Besser kann man es nicht auf den Punkt bringen.

Das Tablett gefällt mir, weil es den Charakter des Materials so gut zur Geltung bringt. Es eignet sich sehr gut für Einsteiger. Wenn Sie die Technik beherrschen, können Sie auch mit gefärbtem Peddigrohr experimentieren (Seite 91) und vielleicht ein mehrfarbiges Tablett herstellen.

Material:
Peddigrohr:
   3,3 mm für die Staken
   2,5 mm für die Stränge (Rohrstärken siehe Tabelle auf Seite 75)
Seitenschneider
Ahle
Zange
Maßband
Eimer mit lauwarmem Wasser und
   ein Handtuch

1. Alle Materialien auf einer geräumigen, ebenen Arbeitsfläche bereitlegen. Aus dem dickeren Peddigrohr (3,3 mm) 8 Stücke von 20 cm Länge zuschneiden.

2. Von diesen Stücken 4 mit einer Ahle mittig durchstechen. Ein 4x4-Bodenkreuz vorbereiten (siehe Schritt 1–3, Seite 76–77).

3. Das Bodenkreuz und einige Bündel dünnes Peddigrohr (2,5 mm) etwa 5 Minuten in einem Eimer mit lauwarmem Wasser einweichen.

4. Mit dem dünnen Peddigrohr (2,5 mm) zwei Runden um das Bodenkreuz flechten, um es zu fixieren. Die Stränge gut festziehen (siehe Schritt 4–5, Seite 77–78).

5. Vor der dritten Runde die Staken in Zweiergruppen teilen. Zwei Runden flechten, dann vor Runde 5 die Staken spreizen. Dabei auf gleichmäßige Abstände achten (siehe Schritt 6–7, Seite 78–79).

6. Weitere 6 Runden um die einzelnen Staken flechten. Falls nötig, neue Stränge hinzunehmen oder Boden und Stränge wieder einweichen, wenn sich das Peddigrohr trocken anfühlt oder schlecht verarbeiten lässt.

7. Damit das Tablett flach und eben bleibt, sollten Sie es mit einem dicken Buch oder einem anderen Gewicht beschweren.

8. Die Enden der Stränge sorgfältig mit dem Seitenschneider abkneifen. Die Enden sollten am Geflecht anliegen und sich in das Flechtmuster einfügen.

9. Aus dem dickeren Peddigrohr (3,3 mm) 16 Staken von je 50 cm Länge zuschneiden und rechts neben den Staken des Bodens so weit wie möglich ins Geflecht schieben (siehe Schritt 8, Seite 79). Falls nötig, das Geflecht mit der Ahle etwas weiten. Wiederholen, bis alle 16 Staken eingearbeitet sind.

10. Für den leicht ansteigenden Rand die Staken leicht hochstellen und weitere 4–5 Runden flechten.

11. Nach insgesamt 35 Runden sollte das Tablett einen Durchmesser von etwa 45 cm haben.

12. Für den Rand die Staken 5–10 Minuten in lauwarmem Wasser einweichen, dann direkt am Rand mit der Zange zusammenkneifen. Danach können Sie mit dem Rand beginnen (siehe Schritt 9, Seite 80).

13. Eine Stake erfassen, hinter die nächste und nach vorn aus dem Geflecht herausführen (siehe Schritt 10, Seite 80). Mit allen Staken wiederholen, dann die Enden auf der Unterseite des Tabletts abschneiden.

Gefärbtes Körbchen

Einer meiner Lieblingsorte im Senegal ist Le Lac Rose – ein herrlicher See in traumhafter Landschaft, der rosa Wasser hat. Je nach Tages- und Jahreszeit verändert sich die Rosatönung. An diesen See dachte ich, als ich dieses Körbchen aus gefärbtem Peddigrohr entworfen habe. Die verschiedenen Rosatöne entstanden nur dadurch, dass es unterschiedlich lange im Färbebad lag.

Material:
Textilfarbe in Pink
Peddigrohr:
   3 mm für die Staken
   2,65 mm für die Stränge (Rohrstärken siehe Tabelle auf Seite 75)
Seitenschneider
Zange
Ahle
Maßband
Band oder Bindfaden
Eimer mit lauwarmem Wasser und ein Handtuch

Körbe aus Peddigrohr sollten nicht in sehr warmen Räumen oder in Heizungsnähe stehen. Durch die Hitze kann das Rohr austrocknen und brüchig werden.

1. 12–15 Bündel Peddigrohr (2,65 mm) einfärben (siehe Seite 91). Ich habe nur ein Färbebad in Pink angesetzt, aber die Bündel unterschiedlich lange darin ziehen lassen, um verschiedene Farbnuancen zu erhalten.

2. Aus dem dickeren Peddigrohr (3 mm) 12 Stücke von je 60 cm Länge zuschneiden und daraus ein 6x6-Bodenkreuz herstellen (siehe Schritt 1–3, Seite 76–77).

3. Das Bodenkreuz und 2 Bündel rosa gefärbtes Peddigrohr etwa 5 Minuten in lauwarmem Wasser einweichen.

4. Zuerst mit dem rosa Peddigrohr 2 Runden um das Bodenkreuz flechten (siehe Schritt 4–5, Seite 77–78).

5. Wann immer während der gesamten Flechtarbeit ein neuer Strang angefügt werden muss, könnten Sie einen helleren oder dunkleren Farbton verwenden. So entsteht ein besonders lebendiges Gesamtbild.

6. Vor Runde 3 die Staken in Dreiergruppen teilen, vor Runde 5 einzeln auseinanderspreizen und 3 weitere Runden flechten (siehe Schritt 6–7, Seite 78–79).

7. Nun beim Flechten die Staken vom Körper weg (also zur Korbmitte) drücken, um die bauchige Form zu erhalten. Sie können die oberen Enden der Staken mit Band oder Bindfaden provisorisch zusammenbinden, um sie in der gewünschten Form zu fixieren.

8. Nun die Korbwand wie zuvor flechten, bis eine Höhe von 11 cm erreicht ist. Denken Sie daran, zwischendurch die Farbtöne zu wechseln.

9. Wenn der Korb eine Höhe von 11 cm und einen Durchmesser von 20 cm hat, schneiden Sie die beiden Stränge ab und fügen 2 neue im gleichen Farbton ein. Mit ihnen wird der Randstreifen geflochten, der sich auch farblich vom übrigen Korb abheben soll.

10. Weitere 8 Runden flechten.

11. Die Stränge so abschneiden, dass sie sich nicht lösen können. Jeder Strang muss an einer Stake anliegen.

12. Die Staken 20 cm über dem Korb abschneiden, 10 Minuten einweichen, direkt am Korbrand mit der Zange zusammenkneifen und den dekorativen Abschlussrand arbeiten (siehe Schritt 9–10, Seite 80).

13. Die Staken auf der Innenseite des Korbs mit dem Seitenschneider abkneifen.

Peddigrohr färben

Früher verwendete man zum Färben von Korbwaren natürliche Farbstoffe, die beispielsweise aus Zwiebelschalen oder Schildläusen gewonnen wurden. Schneller geht es mit Textilfarben, die nicht viel kosten. Neben der Gebrauchsanweisung des jeweiligen Produkts sollten Sie die folgenden Tipps beachten.

1. Arbeiten Sie immer in einem gut belüfteten Raum. Ziehen Sie Gummihandschuhe an, um Verfärbungen an den Händen zu vermeiden.

2. Binden Sie das Peddigrohr zu lockeren, kleinen Ringbündeln zusammen, die gut in das Gefäß mit dem Färbebad passen.

3. Um das Färbeergebnis zu verbessern, können Sie eine Tasse Kochsalz ins Färbebad geben.

4. Je nach Produkt und gewünschtem Farbton können die Peddigrohrbündel zwischen 10 Minuten und einer ganzen Stunde im Färbebad liegen. Denken Sie daran, zwischendurch umzurühren, damit das Farbergebnis gleichmäßig ausfällt.

5. Das gefärbte Peddigrohr mit kaltem Wasser ausspülen und trocknen lassen. Danach kann es wie gewohnt verarbeitet werden.

Peddigrohr richtig behandeln

Peddigrohr muss eingeweicht werden, aber keinesfalls zu lange. Sonst besteht Gefahr, dass die Fasern geschwächt werden und allzu leicht brechen.

Auf der Verkaufsverpackung von Peddigrohr finden Sie normalerweise Angaben zur empfohlenen Einweichzeit für die jeweilige Stärke. Diese Zeit sollten Sie sich merken und auch beachten, wenn Sie ein Werkstück zwischendurch einweichen müssen.

Stellen Sie eine Zerstäuberflasche mit Wasser griffbereit, um das Peddigrohr während der Arbeit immer wieder anzufeuchten. Sie können eingeweichte Bündel auch in ein feuchtes Handtuch wickeln, damit sie nicht so schnell austrocknen.

Falls von einem Projekt Peddigrohr übrig bleibt, lassen Sie es gut trocknen. Feucht gelagertes Peddigrohr kann schimmeln.

Lampenschirm

Es ist erstaunlich, welch starken Einfluss ein Lampenschirm auf die Gesamtwirkung eines Raums hat. Dieses Modell gefällt mir, weil es ein interessantes Muster aus Licht und Schatten auf Wände und Decke wirft. Der Lampenschirm passt ins Wohnzimmer, ins Schlafzimmer oder in den Flur.

An diesem Projekt können Sie vor allem die Formgebung beim Flechten mit Peddigrohr perfektionieren.

Material:
Peddigrohr:
  3,3 mm für die Staken
  2,65 mm für die Stränge (Rohrstärken siehe Tabelle auf Seite 75)
Seitenschneider
Ahle
Zange
Maßband
Eimer mit lauwarmem Wasser und ein Handtuch
Lampenfassung mit Schirmhalterung und Kabel

Wenn Sie möchten, können Sie den Lampenschirm (oder andere Projekte aus Peddigrohr) mit klarem Acryllack einsprühen. Der Lack vertieft den Farbton und schützt das Material.

1. Aus dem dickeren Peddigrohr (3,3 mm) 8 Stücke von je 10 cm Länge zuschneiden. Vier davon in der Mitte mit der Ahle durchstehen, dann ein 4x4-Bodenkreuz herstellen (siehe Schritt 1–3, Seite 76–77).

2. Das Bodenkreuz und einige Bündel dünnes Peddigrohr (2,65 mm) in lauwarmem Wasser einweichen, bis das Peddigrohr sich geschmeidiger anfühlt.

3. Mit dem dünneren Peddigrohr (2,65 mm) zuerst 3 Runden fest um das Bodenkreuz flechten (siehe Schritt 4–5, Seite 77–78).

4. Vor Runde 4 die Staken in Zweiergruppen teilen. Dann 3 Runden flechten (siehe Schritt 6, Seite 78).

5. Vor Runde 7 die Staken einzeln spreizen, dabei auf gleichmäßige Abstände achten (siehe Schritt 7, Seite 79). Damit ist der Boden fertig. Er soll einen Durchmesser von etwa 6 cm haben.

6. Aus dem dickeren Peddigrohr (3,3 mm) 16 Stücke von je 35 cm Länge zuschneiden und jeweils rechts von den Staken des Bodens ins Geflecht schieben. Falls nötig, mit der Ahle nachhelfen (siehe Schritt 8, Seite 79).

7. Die Staken 5 Minuten in lauwarmem Wasser einweichen, dann mit der Zange am Rand des Bodens so biegen, dass die Form des Lampenschirms grob vorgegeben wird.

8. Mit frisch eingeweichten Strängen (2,65 mm) weitere Runden flechten. Zwischendurch regelmäßig aus verschiedenen Blickwinkeln prüfen, ob der Lampenschirm eine gleichmäßige Form hat. Falls die Form korrigiert werden muss, weichen Sie das Werkstück einige Minuten ein. Dann können Sie es mit beiden Händen in Form drücken.

9. Weitere Runden flechten, bis der Lampenschirm eine Höhe von 25 cm und einen Durchmesser von etwa 30 cm hat.

10. Die Staken sollten nun noch ca. 15 cm aus dem Geflecht ragen. Die 16 Staken 5–10 Minuten in lauwarmem Wasser einweichen, dann jede mit der Zange direkt am Korbrand zur Seite biegen.

11. Für den Rand jede Stake unter der rechts von ihr liegenden Stake durchschieben. Mit allen Staken wiederholen (siehe Schritt 9–10, Seite 80). Zuletzt Enden, die nicht glatt am Geflecht anliegen, abschneiden.

Montage des Lampenschirms:
Bitte umblättern. >>

12. Um die Lampenfassung montieren zu können, schneiden Sie mit der Zange vorsichtig ein Loch in die Mitte des Bodenkreuzes. Die Größe des Lochs hängt vom Durchmesser der Fassung ab. Messen Sie nach, damit das Loch nicht zu groß wird.

14. Danach brauchen Sie die fertige Lampe nur noch aufzuhängen und einzuschalten.

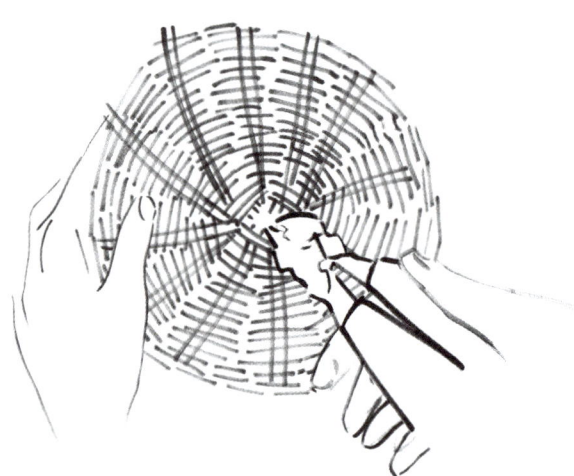

13. Wer genug Heimwerkererfahrung hat, kann die Lampenfassung selbst installieren und das Kabel anschließen. Wenn Sie unsicher sind, wenden Sie sich lieber an einen qualifizierten Elektriker.

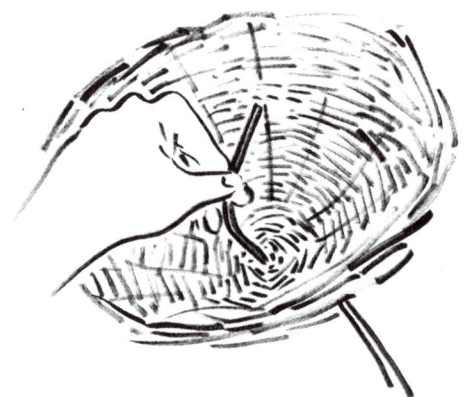

Henkelkorb

Ich liebe den Sommer, und ich finde, an warmen Tagen sieht eine Korbtasche zu einem Sommerkleid zauberhaft aus. Für dieses Modell stand ein Designklassiker Pate: die Birkin Bag. Sie ist immer eine gute Begleiterin – an einem milden Abend am Strand oder beim Stadtbummel mit der Freundin. Die Größe können Sie variieren. Vielleicht möchten Sie den Korb auch mit einem hübschen Stoff füttern?

Material:
Peddigrohr:
   3,3 mm für die Staken
   2,65 mm für die Stränge
   2,5 mm für den Griff (Rohrstärken
   siehe Tabelle auf Seite 75)
Seitenschneider
Ahle
Zange
Maßband
Eimer mit lauwarmem Wasser und ein Handtuch
Band, Bindfaden oder ein Haargummi
Gewicht

1. Aus dem dickeren Peddigrohr (3,3 mm) 6 Stücke à 15 cm Länge zuschneiden und daraus ein 3x3-Bodenkreuz herstellen (siehe Schritt 1–3, Seite 76–77). Das Bodenkreuz und einige Bündel mittleres Peddigrohr (2,65 mm) in lauwarmem Wasser einweichen.

2. Um das Bodenkreuz herum 3 feste Runden mit dem frisch eingeweichten mittleren Peddigrohr (2,65 mm) flechten (siehe Schritt 4–6, Seite 77–78).

3. Vor Runde 4 die Staken gleichmäßig spreizen und mit dem Flechten fortfahren, bis insgesamt 8 Runden fertig sind (siehe Schritt 7, Seite 79).

4. Aus dem dicken Peddigrohr (3,3 mm) 12 Stücke von je 30 cm Länge zuschneiden, in den Boden schieben und an dessen Rand mit der Zange nach oben biegen. Um diese Staken wird die Wand geflochten (siehe Schritt 8, Seite 79).

5. Die oberen Enden der Staken mit Band, Bindfaden oder Haargummi fest zusammenbinden. Das Werkstück auf die Arbeitsfläche stellen und den Boden mit einem Gewicht beschweren, damit er gerade bleibt.

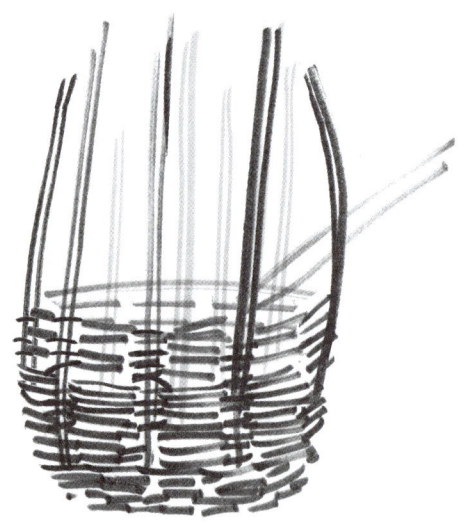

6. Mit den eingeweichten Strängen (2,65 mm) weitere Runden flechten, bis der Korb etwa 25 cm hoch ist und einen Durchmesser von 18 cm hat.

7. Die überstehenden Staken einweichen und mit der Zange umknicken, dann den dekorativen Rand flechten (siehe Schritt 9–10, Seite 80).

Der Henkel: Bitte umblättern. »

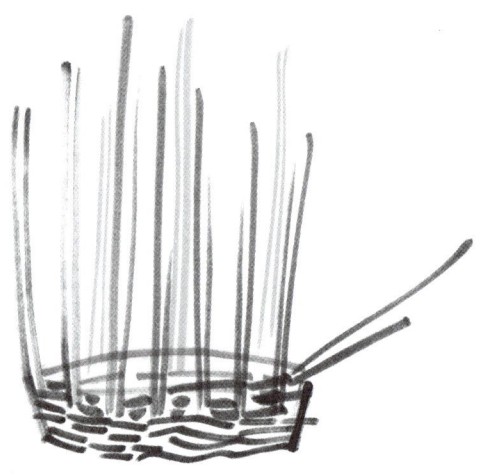

Der Henkel

8. Für den Henkel brauchen Sie ein schlankes Bündel Peddigrohr mit 3,3 mm Durchmesser und 80 cm Länge. Die Enden des Bündels auf beiden Seiten des Korbs so tief wie möglich ins Geflecht schieben. Sie sollen einander genau gegenüber liegen. Der eigentliche Henkel hat eine Länge von etwa 40 cm.

9. Aus dem dünnsten Peddigrohr (2,5 mm) 4 Stücke von je 1 m Länge zuschneiden. Mit der Ahle links vom Henkel durch das Geflecht schieben, dann 10 Minuten einweichen.

10. Die 4 Stränge im Uhrzeigersinn um den Henkel wickeln, bis das andere Ende erreicht ist.

11. Nun entgegen dem Uhrzeigersinn von der rechten Seite des Henkels zur linken und zuletzt im Uhrzeigersinn von der linken Seite zur rechten wickeln.

12. Die Enden sind jetzt noch etwa 10 cm lang. Sie werden mithilfe der Ahle in das Geflecht geschoben. Zuletzt die überstehenden Enden abschneiden.

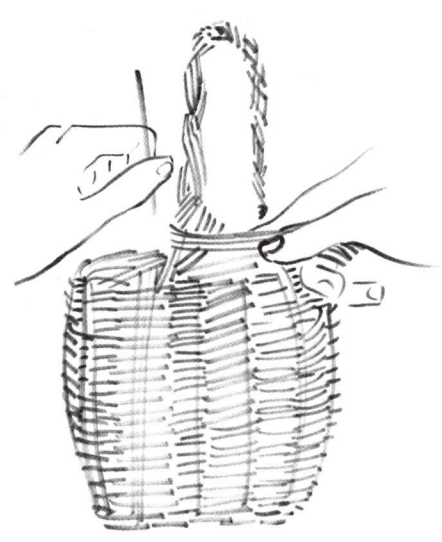

Picknick-korb

Ich lebe in London, wo es viele herrliche Parks und schöne Gärten gibt. Bei gutem Wetter steht oft ein Picknick auf dem Programm. Darum habe ich diese Version des traditionellen Picknickkorbs entworfen: hübsch rund und mit einem femininen Bogenrand. Der Korb eignet sich übrigens auch hervorragend zum Ostereiersammeln.

Material:
Peddigrohr:
   4,25 mm für die Staken
   2,65 mm für die Stränge (Rohrstärken
   siehe Tabelle auf Seite 75)
Seitenschneider
Ahle
Zange
Maßband
Band, Bindfaden oder Gummiband
Eimer mit lauwarmem Wasser und ein Handtuch

1. Aus dem dicken Peddigrohr (4,25 mm) 8 Stücke von je 15 cm Länge zuschneiden und daraus ein 4x4-Bodenkreuz herstellen (siehe Schritt 1-3, Seite 76-77).

2. Das Bodenkreuz und einige Bündel Peddigrohr für die Stränge (2,65 mm) in lauwarmem Wasser einweichen.

3. Zuerst 3 Runden recht fest um das Bodenkreuz flechten (siehe Schritt 4-5, Seite 77-78).

4. Vor Runde 4 die Staken in Zweiergruppen teilen (siehe Schritt 6, Seite 78). Bis Runde 15 mit dem Flechten fortfahren. Jetzt hat der Boden einen Durchmesser von etwa 18 cm.

5. Vom dicken Peddigrohr (4,25 mm) 16 Stücke von je 50 cm Länge zuschneiden und jeweils 2 davon rechts von den Staken des Bodens möglichst tief ins Geflecht schieben (siehe Schritt 8, Seite 79).

6. Die Staken für die gekrümmte Wand des Korbs nach oben biegen und ihre Enden mit Band oder Gummiband zusammenbinden. Nun die Wand flechten.

7. Beim Flechten der Wand den Korb immer wieder aus verschiedenen Blickwinkeln begutachten, um zu prüfen, ob er gleichmäßig geformt ist. Den Boden mit einem Stein, einem dicken Buch oder einem anderen Gewicht beschweren, damit er gerade bleibt.

8. Der Korb ist fertig, wenn er eine Höhe von 25 cm und einen Durchmesser von 38 cm hat.

Der Bogenrand

9. Die überstehenden Staken einweichen. Jede in einem weichen Bogen nach links biegen und ins Geflecht schieben (siehe Schritt 9-10, Seite 80). Wenn alle Bögen fertig sind, die Enden abschneiden.

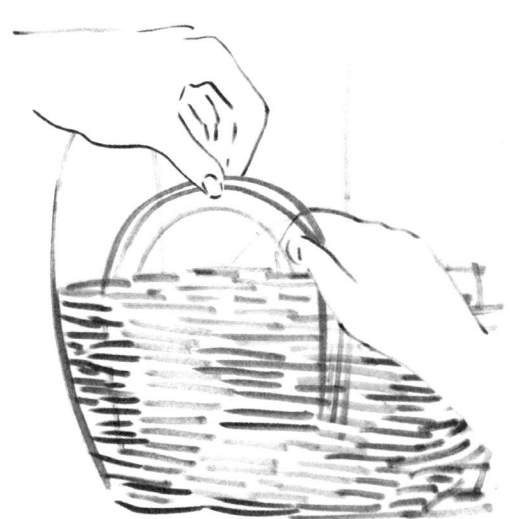

Der Henkel

10. Vom dicken Peddigrohr 2 Stücke von je 1 m Länge einweichen und einander gegenüber rechts von den Staken ins Geflecht schieben.

11. Aus dem dünneren Peddigrohr (2,65 mm) 6 Stücke von je 80 cm zuschneiden, einweichen und dreimal um den Henkel wickeln. Dann die Enden ins Geflecht schieben.

Kordel

Kordel

Kordeln gibt es in vielen Ausführungen. Neben synthetischen Materialien wie Nylon und Polyester gibt es auch Seile aus pflanzlichen Fasern wie Baumwolle und Hanf. Ich verarbeite lieber Naturfasern, weil sie weicher und geschmeidiger sind und sich einfach schöner anfühlen. Viele traditionelle Flecht- und Knüpftechniken haben sich in der Seefahrt entwickelt, denn Seilreste konnte man gut für Behältnisse, Hängematten und mehr gebrauchen.

Die meistverwendeten Pflanzenfasern sind Manila, Hanf, Kokosfaser, Baumwolle, Sisal und Jute (mehr zu den beiden letzteren im Kapitel Schnur ab Seite 122).

Manila wird aus Abaca-Blättern hergestellt. Die Pflanze ist mit der Banane verwandt, und das Tauwerk wird geschätzt, weil es sehr stabil und elastisch zugleich ist.

Hanf wird in vielen Ländern angebaut und seit Jahrhunderten zur Herstellung von Kordeln, Stoff und Papier verwendet.

Kordeln aus Kokosfaser sind sehr stabil und wasserbeständig. Sie bestehen aus den äußeren Hüllfasern von Kokosnüssen.

Baumwolle kennt wohl jeder. Die relativ dünnen Fasern werden verzwirnt und dann zu geschlagenen Kordeln aus drei oder vier Strängen oder zu geflochtenen Kordeln verarbeitet. Manche dieser Seile lassen sich kaum nähen, ohne die Nadel abzubrechen. Dünnere Baumwollkordeln kann man jedoch gut mit einer Nähmaschine verarbeiten und sie eignen sich für viele Korbideen.

Geflochtene Kordel hat den Vorteil, dass sie sich nicht so leicht aufdröselt, wenn mit einem Nähmaschinenstich einmal nur eine der beiden Kordeln erfasst wird. Ich arbeite bevorzugt mit geflochtener Baumwollkordel, weil sie für wenig Geld überall zu bekommen ist und sich gut färben lässt.

Kordel: Grundtechnik

Auf diesen Seiten erfahren Sie, wie Sie aus Baumwollkordel mit der Nähmaschine Körbe fertigen können. Gezeigt wird neben der Herstellung des Bodens das Zusammennähen der Runden mit Zickzackstich sowie Fertigstellung und individuelle Gestaltung. Wichtig ist, sehr stabiles Nähgarn und eine Maschinennadel für Jeans oder Leder zu verwenden.

1. Stellen Sie auf der Nähmaschine einen möglichst breiten Zickzackstich ein. Die Kordel abwickeln, dann das Ende in der Hand schneckenförmig zu einem Kreis von 2–2,5 cm Durchmesser aufrollen. Mit einer Stecknadel mit farbigem Kopf fixieren (der farbige Kopf ist besser zu sehen).

2. Die Schnecke unter den Nähfuß legen und hin und her nähen. Dabei weiter Wicklungen um die Schnecke legen und beim Nähen immer die neuen Wicklungen mitfassen. Fortfahren, bis der Boden die gewünschte Größe hat.

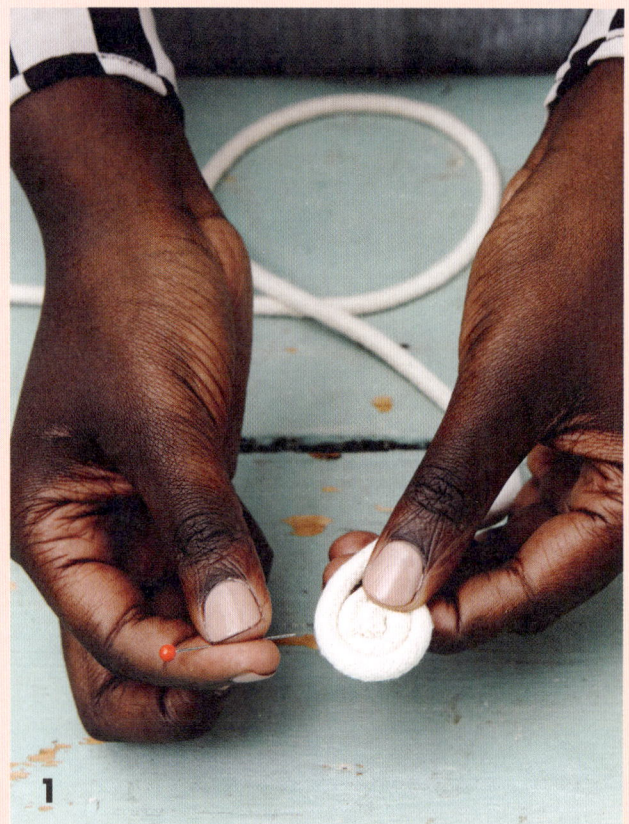

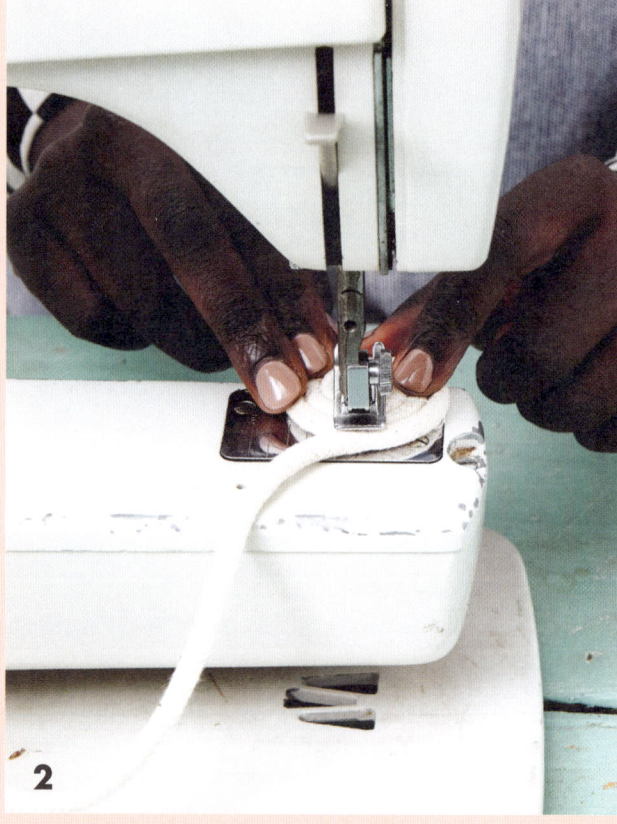

3. Für die Wand den Boden auf die linke Seite des Nähfußes legen. Weiter Kordel schneckenförmig anlegen und immer am Rand des Werkstücks nähen. Dabei langsam eine Wölbung herausarbeiten.

4. Beim Nähen ist es wichtig, immer abwechselnd in die neu angelegte Kordel und die vorherige Runde einzustechen.

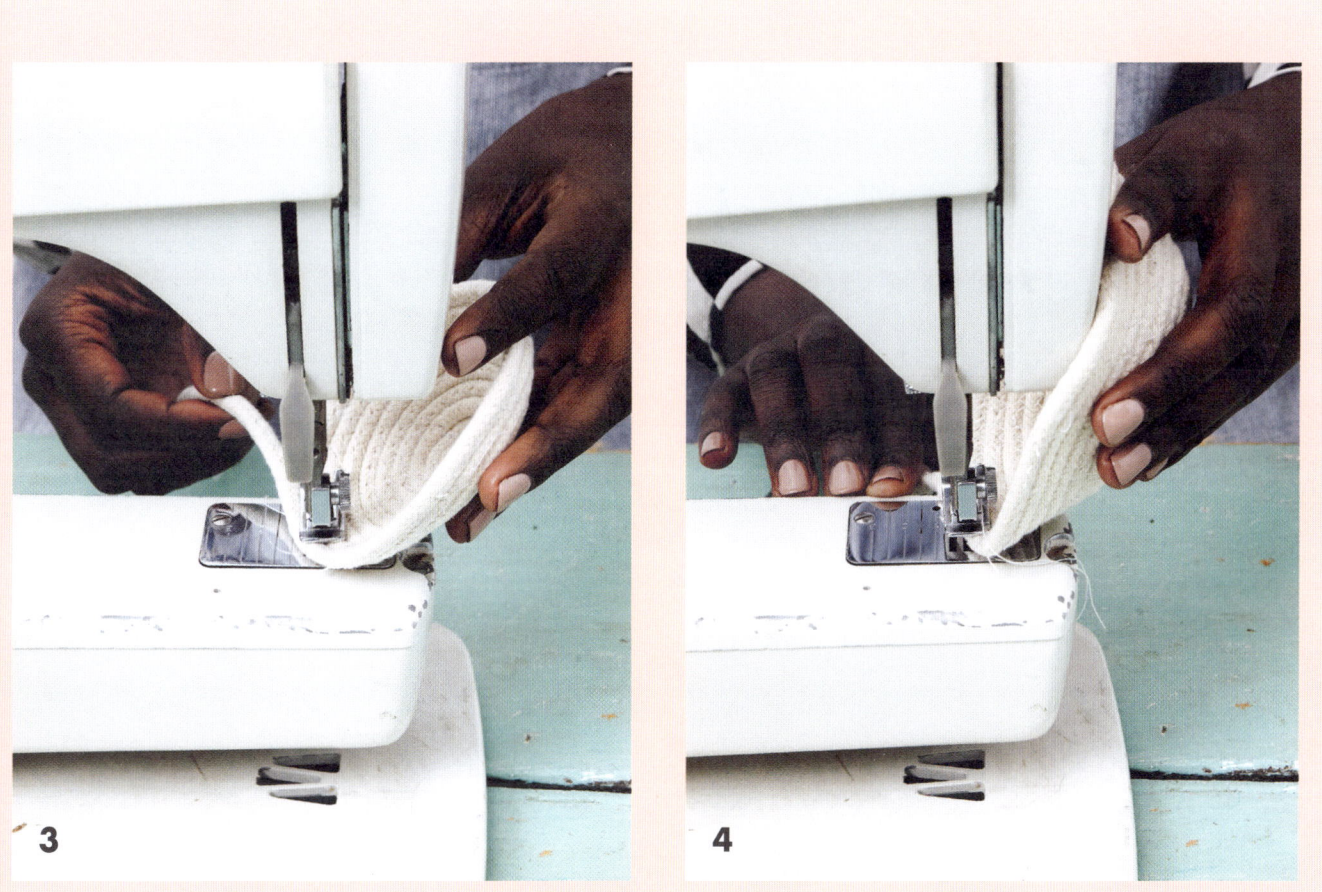

5. Um eine neue Kordel anzusetzen, legen Sie einfach die alte und die neue Kordel Ende an Ende und nähen sie mit Zickzackstichen zusammen.

6. Wenn die gewünschte Höhe erreicht ist, falten Sie das Ende der Kordel um und steppen Sie es so fest, dass es nicht ausfransen kann.

Es gibt viele Möglichkeiten, Körbe individuell zu verzieren. Wie wäre es mit einer Reihe aufgenähter Pompons?

Kordeltöpfe

Es macht Spaß, Körbe aus Kordel zu nähen, weil das weiche Baumwollmaterial so angenehm zu verarbeiten ist. Wenn Sie die Technik einmal beherrschen, können Sie solche Körbe in verschiedenen Größen herstellen. Wie wäre es mit einem Set für schöne Zimmerpflanzen?

Material:
15 m geflochtene Baumwollkordel,
 6 mm Durchmesser
Nähmaschine mit Zickzackstich,
 Maschinennadel für Jeans oder Leder
Weißes Baumwollnähgarn, extra stabil
Schere
Lineal oder Maßband

1. Auf der Nähmaschine einen großen Zickzackstich einstellen. Die Kordel abwickeln.

2. Die Kordel in der Hand zu einer Schnecke mit 2–2,5 cm Durchmesser rollen und unter den Nähfuß legen (siehe Schritt 1, Seite 110).

3. Hin und her über die Schnecke nähen, um sie zusammenhalten (siehe Schritt 2, Seite 110).

4. Weitere Runden um die Schnecke legen und mit Zickzackstichen festnähen, bis der Boden einen Durchmesser von 12 cm hat.

5. Um die Wand aufzubauen, den Boden nun links vom Nähfuß anlegen (siehe Schritt 3, Seite 111).

6. Fortlaufend Runden aus Kordel um den Boden legen und mit Zickzackstich festnähen.

7. Wenn die Wand eine Höhe von 15 cm hat, die Kordel abschneiden. Die letzten 3–5 cm umschlagen (siehe Schritt 5–6, Seite 112) und feststeppen, damit das Ende nicht ausfranst.

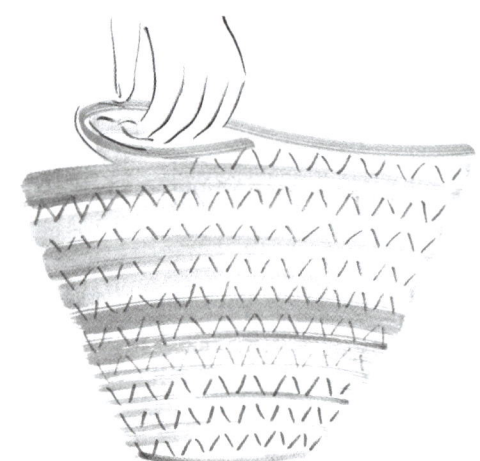

Kordeltasche

Manche Taschen kommen nie aus der Mode, und diese gehört dazu. Sie ist chic, dabei gleichzeitig lässig und groß genug für all die wichtigen Dinge des Alltags. Außerdem macht das Nähen großen Spaß. Die Tasche besteht aus zwei identischen Hälften, die nachträglich zusammengesetzt werden.

Material:
25 m geflochtene Baumwollkordel,
   8 mm Durchmesser
Nähmaschine mit Zickzackstich,
   Maschinennadel für Jeans oder Leder
Weißes Baumwollnähgarn, extra stabil
Schere
Lineal oder Maßband
Stecknadeln

Tipp:
Diese Baumwollkordel ist waschbar. Falls die Tasche einmal schmutzig wird, kann sie einfach mit der Hand in lauwarmem Wasser mit einem milden Waschmittel gereinigt werden.

1. Auf der Nähmaschine einen großen Zickzackstich einstellen. Die Kordel in der Hand zu einer Schnecke mit 2–2,5 cm Durchmesser rollen und unter den Nähfuß legen (siehe Schritt 1, Seite 110).

2. Hin und her über die Schnecke nähen, um sie zusammenzuhalten (siehe Schritt 2, Seite 110).

3. Weitere Runden um die Schnecke legen und mit Zickzackstichen festnähen, bis der Kreis einen Durchmesser von 33 cm hat.

4. Die Schnecke unter dem Nähfuß herausnehmen, aber die Kordel nicht abschneiden. Die Schnecke zur Hälfte falten und an der Kante auf jeder Seite in 11 cm Abstand zum Bruch eine Stecknadel einstechen.

7. Nun die Kordel an dem losen Stück festnähen, um den Griff zu verbreitern. Wiederholen, bis der Griff drei Runden breit ist.

8. Für das Seitenteil der Tasche die Kordel am Griffansatz umfalten, mit eingestochener Nadel wenden und in entgegengesetzter Richtung bis zum Griffansatz auf der anderen Seite nähen. Wiederholen, bis 4 Kordelreihen genäht sind. Damit ist ein Taschenteil fertig.

9. Für das andere Taschenteil Schritt 1–8 wiederholen.

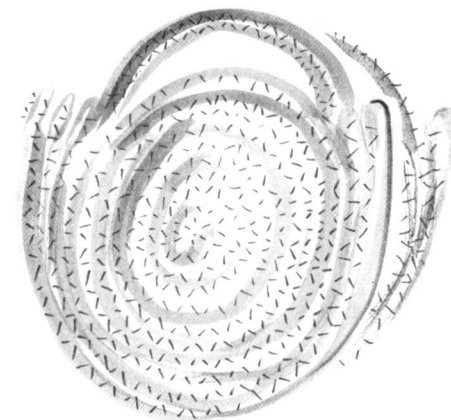

10. Die beiden Taschenteile so zusammennähen, dass die Griffe genau aufeinanderliegen.

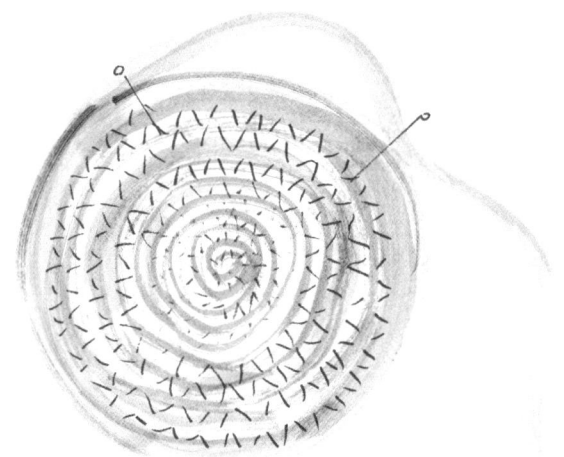

Dies sind die Markierungen für den Griff. Die Schnecke wieder ausbreiten.

5. Die Schnecke wieder unter die Maschine legen und die Kordel bis zur ersten Stecknadel festnähen. Für den Griff 24 cm Kordel abmessen.

6. Nun die Kordel von der zweiten Stecknadel an wieder festnähen. Die abgemessenen 24 cm zwischen den Stecknadeln bleiben lose. Wie zuvor bis zur ersten Stecknadel fortfahren.

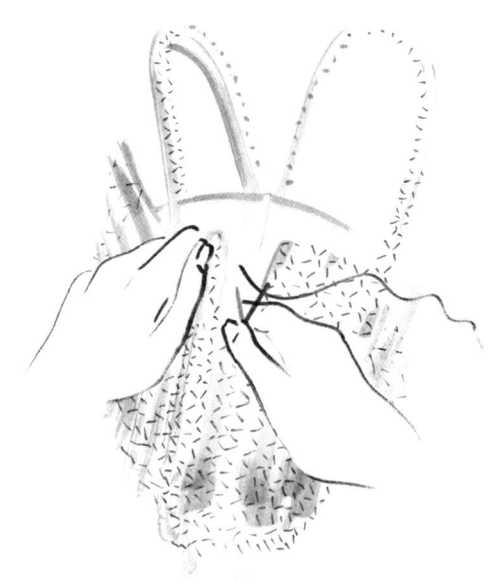

Verleihen Sie Ihrer Kordeltasche eine individuelle Note: Ledergriffe bieten beispielsweise zusätzliche Stabilität und wirken gleichzeitig sehr elegant.

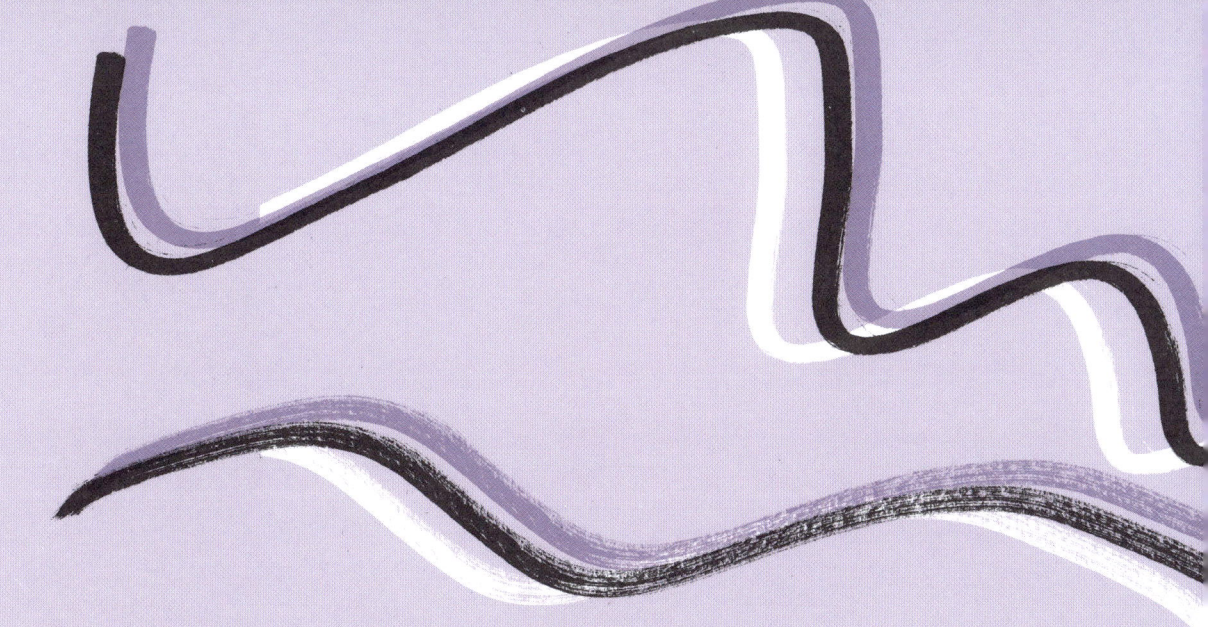

Schnur

Schnur

Ich verarbeite am liebsten Schnur aus Pflanzenfasern, vor allem Sisal und Jute. Die Schnüre sind dünn, und zur Verarbeitung brauchen Sie nur eine Schere und eine Nadel. Darum eignen sie sich hervorragend zur Beschäftigung auf langen Auto- oder Bahnfahrten.

Das Flechten mit Schnur ist wahrscheinlich noch älter als das Weben. Beide Techniken haben aber Gemeinsamkeiten. Die Staken (hier Sisal) entsprechen den Kettfäden beim Weben, sie bilden das Gerüst. Die Stränge werden, wie die Schussfäden, auf und ab durch das Gerüst geflochten. Die Flechtarbeit ist sehr rhythmisch und ähnlich entspannend wie das Stricken.

Heute wird Sisal auch zur Herstellung von Läufern, Wandbespannungen oder Kratzbäumen für Katzen verwendet. Die Fasern, die aus einer Agavenart gewonnen werden, sind stabil und haltbar, aber etwas rau.

Jute aus der Jutepflanze gilt als eine der stabilsten Pflanzenfasern und steht im Hinblick auf die Anbaumenge an zweiter Stelle hinter Baumwolle. Weil die Herstellungsweise umweltfreundlicher ist als die Baumwollproduktion, wird Jute für Säcke, Läufer und Einkaufstaschen verwendet (»Jute statt Plastik«, erinnern Sie sich?) Juteschnur hat von Natur aus ein rustikales Beigebraun, sie wird aber auch in vielen Farben angeboten.

Wie die meisten Pflanzenfasern werden diese Schnüre trocken verarbeitet. Das heißt, dass man das Geflecht leicht auflösen kann, wenn einmal ein Fehler passiert ist.

Schnur: Grundtechnik

Auf diesen Seiten lernen Sie die wichtigsten Handgriffe beim Flechten mit Schnur kennen, vom Anfang mit dem Boden über die Formgebung und den Farbwechsel bis zur Fertigstellung.

1. Aus Sisalschnur 8 Stücke von je 30 cm zuschneiden (die Staken, auf der Abbildung in Cremeweiß). Von der Juteschnur ein Stück von 3 m Länge abschneiden (der Strang, auf den Abbildungen in Rosa). Die 8 Sisalschnüre nebeneinanderlegen. Die Mitte der Juteschnur zweimal um die Mitte der Sisalschnüre wickeln und fest verknoten. Die beiden Enden der Juteschnur müssen gleich lang sein. Sie bilden den rechten und den linken Strang. Der Knoten liegt unten.

2. Die Sisalschnüre in 4 Vierergruppen teilen, 2 über dem Knoten und 2 darunter. Den rechten Strang (A) über den Knoten zwischen die erste und zweite Gruppe legen und mit dem linken Daumen festhalten. Er liegt jetzt mit der vierten Gruppe unter dem Knoten.

2a. Den linken Strang (B) über die erste Vierergruppe und unter die zweite legen. Das Werkstück um 90 Grad entgegen dem Uhrzeigersinn drehen.

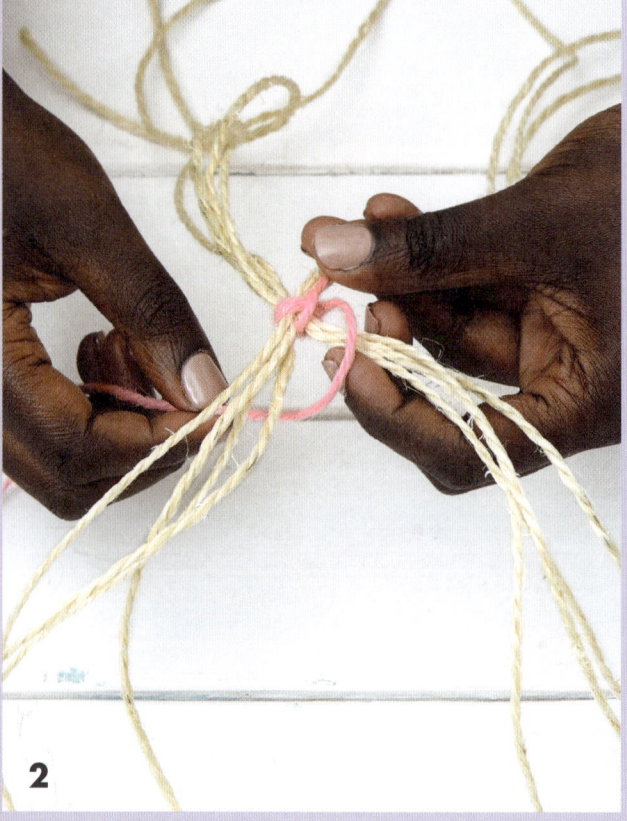

2b. A loslassen und B mit dem linken Daumen festhalten. A über die zweite und unter die dritte Gruppe legen. 90 Grad entgegen dem Uhrzeigersinn drehen.

2c. B loslassen und A mit dem linken Daumen festhalten. B über die dritte und unter die vierte Gruppe legen. 90 Grad entgegen dem Uhrzeigersinn drehen.

2d. A loslassen und B mit dem linken Daumen festhalten. A über die vierte und unter die erste Gruppe legen. Um 90 Grad entgegen dem Uhrzeigersinn drehen.

2e. B loslassen und A mit dem linken Daumen festhalten. Nun ist eine Runde fertig. Fortlaufend wiederholen, bis 3 Runden geflochten sind. Jeder Strang wird nach rechts über die nächste Stake und unter die übernächste gelegt.

3. Die Vierergruppen halbieren, sodass 8 Zweiergruppen entstehen. 3 Runden wie zuvor flechten. Dann die Zweiergruppen teilen und die Staken gleichmäßig ausbreiten. Weitere 3 Runden flechten. Beim Teilen wird der Strang immer von unten zwischen den beiden Staken nach oben geführt.

4. Fortfahren, bis der Boden die richtige Größe hat. Da Jute im Gegensatz zu Peddigrohr und Weidenruten weich ist, brauchen Sie für einen vorgegebenen Durchmesser eventuell mehr oder weniger Runden als in der Anleitung angegeben. Soll der Korb standfester werden, erhöhen Sie einfach die Zahl der Staken (siehe Schritt 8, Seite 79). Ein Stück Sisalschnur so an eine Stake knoten, dass der Knoten innen liegt, und 3–4 Runden über Paare von Staken flechten. Erst dann die Paare teilen.

3

4

5. Zum Flechten der Wand die oberen Enden der Staken mit einem Band oder Gummiband zusammenbinden. Sie können den Boden zusätzlich mit einem kleinen Gewicht beschweren. Die Stränge recht fest flechten, damit der Korb standfest wird, aber nicht so fest, dass sich der Durchmesser verkleinert.

6. Wenn Sie das Ende eines Strangs erreichen oder die Farbe wechseln wollen, fädeln Sie mindestens die letzten 5 cm in eine Nadel ein. Den Strang wie zum Flechten hinter die nächste Stake führen, dann zur Innenseite des Korbs durchstechen. Den neuen Strang dort einfügen, wo der linke Strang nach vorn kommt. Den neuen Strang in eine Nadel einfädeln und von unten nach oben durchziehen. Auf der Innenseite des Korbs verknoten.

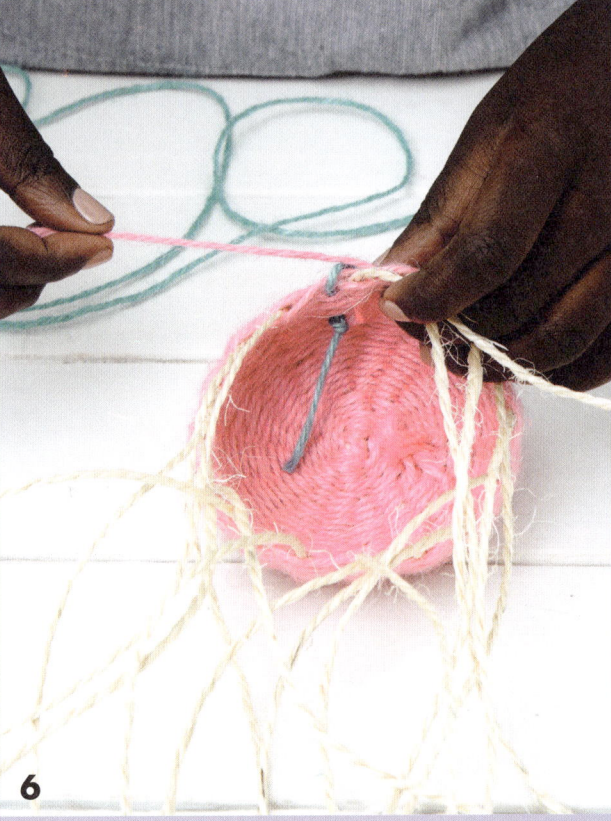

7. Fortfahren, bis der Korb die gewünschte Höhe hat. Die Staken müssen oben mindestens 5 cm herausragen. Zwischendurch alle überflüssigen Enden abschneiden. Je höher der Korb wird, desto schwieriger ist es, Enden an seinem Grund abzuschneiden.

8. Für den oberen Rand jede Stake in eine Nadel mit großem Öhr einfädeln und auf der Innenseite des Korbs im Geflecht nach unten ziehen. Das Ende abschneiden.

Blumen-
ampel

Wer braucht langweilige braune Blumentöpfe, wenn man aus Jute so schöne, farbenfrohe Behälter für die grünen Mitbewohner flechten kann? Grün und Gelb, Orange und Rot, Rosa und Blau – bei den Farben haben Sie die freie Auswahl.

Material:

Für den Korb
2 m Sisalschnur
30 m Juteschnur in Türkis
3 m Juteschnur in Rosa
Nadel mit großem Öhr
Schere
Maßband
Blumentopf aus Plastik *

Für die Ampel
Holzring
S-Haken
13 m Juteschnur in Rosa

* Korb für einen Blumentopf mit 15 cm Höhe und 15 cm Durchmesser

Sukkulenten sind eine gute Wahl für hängende Ampeln. Sie brauchen nur selten gegossen werden. Zwischendurch kann man sie mit einer Sprühflasche befeuchten.

Der Korb

1. Aus Sisalschnur 8 Stücke von je 25 cm zuschneiden. Ein 3 m langes Stück Juteschnur in Türkis um die Mitte der gebündelten Sisalschnüre binden (siehe Schritt 1, Seite 126).

2. Die Staken (Sisal) in Vierergruppen teilen und 3 Runden flechten. Die Vierergruppen in Zweiergruppen teilen und diese vor Runde 7 nochmals teilen (siehe Schritt 2-4, Seite 126-127). Flechten, bis ein Durchmesser von 8 cm erreicht ist. Das ist der Boden des Korbs.

3. Nun wird die Wand geflochten (siehe Schritt 5, Seite 128). Sie können dafür den Blumentopf als Hilfsmittel benutzen. 20 Runden mit türkiser Juteschnur flechten.

4. Die Enden der türkisen Schnur vernähen und abschneiden, dann die Farbe wechseln.

5. Von der rosa Schnur 2 Stücke von je 1,5 m Länge abschneiden und als neue Stränge einfügen (siehe Schritt 6, Seite 128).

6. Für den Streifen 2 Runden in Rosa flechten, dann die Enden vernähen.

7. 2 Stücke à 3 m türkise Schnur bilden die neuen Stränge. Damit werden etwa 30 Runden geflochten. Der Korb ist fertig, wenn eine Höhe von ca. 15 cm erreicht ist.

8. Die Staken auf die Innenseite des Korbs schieben (siehe Schritt 8, Seite 129). Alle überstehenden Enden sauber abschneiden.

Die Makramee-Ampel

9. Aus rosa Juteschnur 8 Stücke von je 1,6 m Länge zuschneiden. Jeweils Paare an beiden Enden zusammenknoten.

10. Die 4 Paare in der Mitte falten und die Schlaufe durch den Holzring schieben. Die Enden über den Ring und durch die Schlaufe führen, dann festziehen. Damit sind die Schnüre am Ring befestigt.

11. Den Ring mithilfe des S-Hakens in einer bequemen Arbeitshöhe aufhängen. Die 8 Schnurpaare in 4 Gruppen (à 2 Paare) teilen. In jede Gruppe 30 cm unter dem Ring einen Kreuzknoten binden.

Kreuzknoten - so wird's gemacht:
1. Zwei Paare liegen an den Seiten (A und B), die beiden anderen liegen dazwischen und bilden den Kern.
2. B nach links über den Kern und unter A legen.
3. Dann A nach rechts unter den Kern und über B legen. A und B gleichmäßig festziehen. Jetzt liegt B links und A rechts.
4. Schritt 1 und 2 noch einmal wiederholen, mit A beginnen.
5. A und B gleichmäßig festziehen.

12. Nun die beiden Paare unter dem Knoten teilen und jeweils Paare, die von benachbarten Knoten kommen, zusammennehmen. Diese 15 cm unter den ersten Knoten wieder mit einem Kreuzknoten zusammenbinden.

13. Alle 8 Paare 10 cm unter den unteren Knoten zusammenfassen und mit türkisfarbener Schnur einen Kronenknoten binden (siehe unten). Sorgfältig festziehen.

Kronenknoten – so wird's gemacht:
1. Alle Enden mit der Hand erfassen, vier Gruppen bilden und diese kreuzförmig ausbreiten. Die Stränge dürfen sich nicht berühren.
2. Strang A locker über B legen. Dabei entsteht eine Schlaufe.
3. Strang B über A und locker über C legen. Dabei entsteht wieder eine Schlaufe.
4. Strang C über B und locker über D legen. Erneut entsteht eine Schlaufe.
5. Strang D über C legen und von unten durch die Schlaufe in Strang A führen.
6. Den Knoten sorgfältig festziehen.

14. Wenn die Makramee-Ampel fertig ist, stellen Sie Ihre Topfpflanze in den Korb. Die Ampel an den gewünschten Platz hängen und den Korb hineinsetzen.

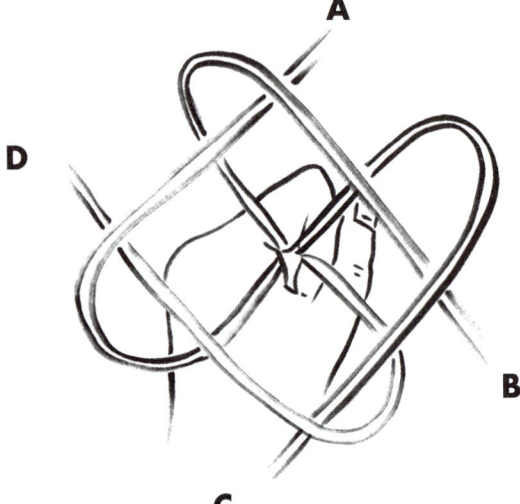

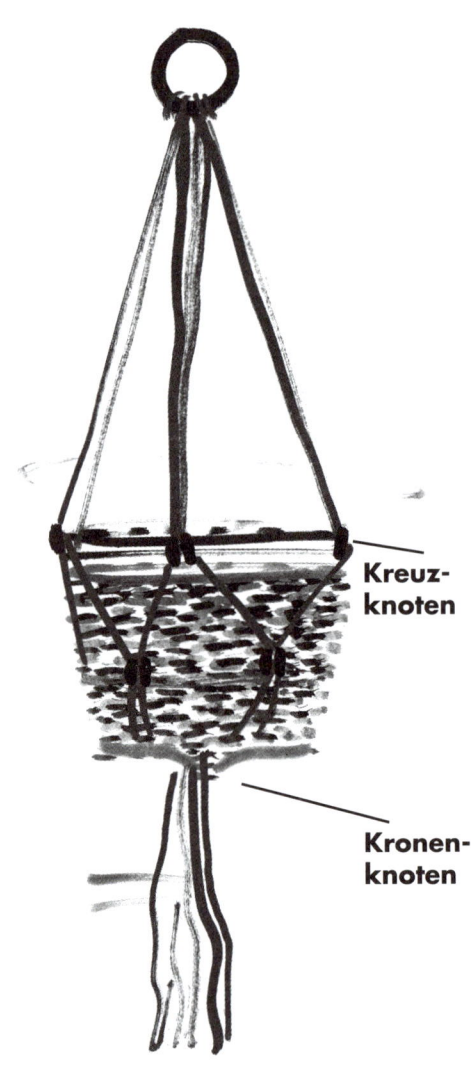

Kreuzknoten

Kronenknoten

Fahrrad-korb

Ich bin gern mit dem Rad in der Stadt unterwegs und hatte Lust, meinen Drahtesel mit einem witzigen Korb aufzupeppen. Weil ich gern bei mildem Herbstwetter radle, habe ich mich für passende Farben entschieden: Warmes Grün und Orange.

Material:
Fertiger Korbboden mit 42 Löchern*
2 Stücke Peddigrohr (2,65 mm) von je
   mindestens 1 m Länge (Rohrstärken siehe
   Tabelle auf Seite 75)
Eimer mit lauwarmem Wasser und
   ein Handtuch
30 m Juteschnur in Orange
100 m Juteschnur in Grün
Maßband
Malerkrepp
Nadel mit großem Öhr
Wäscheklammern
Lederriemen mit Schnallen

* Wenn Sie keinen fertigen Boden bekommen, sägen Sie aus Sperrholz ein Oval (30 cm lang und 20 cm breit) und bohren dicht am Rand 42 Löcher in gleichmäßigen Abständen hinein.

Der Korb

1. 2 Stücke Peddigrohr in einem Eimer mit lauwarmem Wasser 5 Minuten einweichen, bis sie geschmeidig werden (siehe Seite 91).

2. Die Innenseite des Bodens liegt oben. Das erste Stück Peddigrohr aus einem Loch von unten nach oben führen und durch das übernächste Loch wieder nach unten schieben. Dabei soll eine Schlaufe von 20 cm Höhe entstehen.

3. Das Rohr im übernächsten Loch wieder nach oben führen. Fortlaufend wiederholen, bis rings um den Boden solche Schlaufen angeordnet sind. Sie haben nun 10 Schlaufen und 20 Staken.

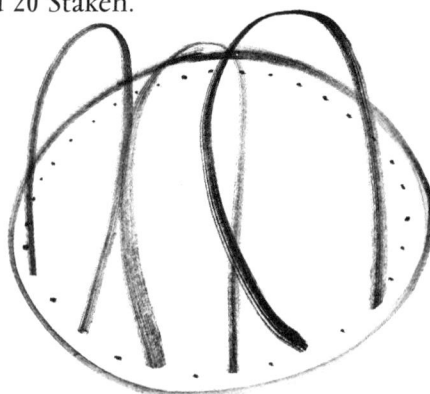

4. Die Enden direkt über dem Boden zwischen den Staken durchflechten.

5. Aus orangefarbener Schnur 2 Stücke von je 1 m Länge für die Stränge zuschneiden.

6. Den ersten Strang mit einem Doppelknoten an einer Stake festbinden, dann durch das rechts davon liegende freie Loch nach unten und durch das nächste wieder nach oben führen.

Tipp: Kleben Sie ein kleines Stück Malerkrepp um das Ende der Schnur. Dann lässt es sich leichter durch die Löcher fädeln.

7. Den zweiten Strang mit einem Doppelknoten an der Stake rechts vom ersten Strang befestigen. Den zweiten Strang hinter die rechts von ihm liegende Stake führen, dann durch das nächste freie Loch nach unten und das dann durchs folgende Loch nach oben führen. Den Strang entgegen dem Uhrzeigersinn vor die links von ihm liegende Stake und hinter die nächste Stake legen. Jetzt liegt der zweite Strang wieder neben dem ersten.

8. Den ersten Strang vor die nächste Stake legen, dann hinter die übernächste. Dasselbe mit dem zweiten Strang wiederholen (siehe Schritt 2, Seite 126).

9. Den ersten Strang vor die nächste Stake legen, durch das rechts von ihr liegende Loch nach unten und durch das dann folgende Loch (rechts) nach oben führen.

10. Schritt 7 jedes Mal wiederholen, wenn Sie ein freies Loch erreichen, bis kein Loch im Boden mehr frei ist.

11. Jetzt ist die Schnur gut am Boden befestigt, und Sie können die weiteren Runden in Orange wie gewohnt flechten (siehe Schritt 2, Seite 126).

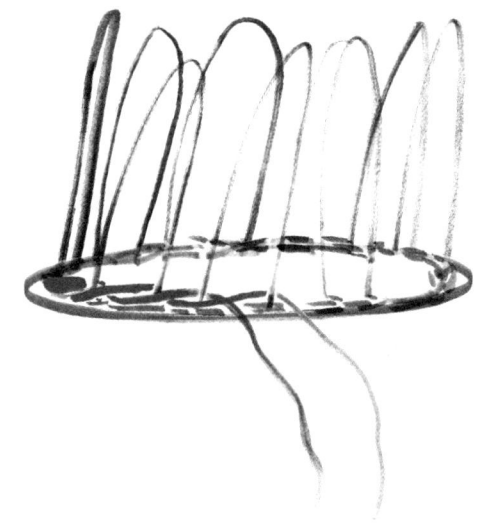

Wenn Sie statt waagerechter Streifen lieber senkrechte mögen, flechten Sie einfach mit 2 Strängen in verschiedenen Farben.

12. Wenn ein Strang zur Neige geht, binden Sie einfach einen neuen Strang mit einem Doppelknoten an das Ende. Der Knoten soll später auf der Innenseite des Korbs liegen.

13. Wenn der orangefarbene Streifen etwa 5 cm hoch ist, die Farbe wechseln (siehe Schritt 6, Seite 128). 2 grüne Stücke Jutegarn von je 2 m Länge zuschneiden, an die orangefarbenen Enden knoten und weiterflechten, bis nur noch wenige Zentimeter der Staken frei sind. Sie können die Staken mit Wäsche- oder Aktenklammern an den richtigen Positionen fixieren.

Der Rand

14. Für den Rand des Korbs die Enden der Staken einweichen, damit sie geschmeidig werden (siehe Seite 91), dann zwischen den benachbarten Staken durchflechten. Dadurch wird der Rand stabil und die Flechtrunden aus Schnur können sich nicht lösen.

16. Wenn der erste Strang am Ende von Runde 3 die Position des zweiten erreicht, die Nadel abnehmen. Beide Stränge zusammen auf der Innenseite des Korbs mit einem Doppelknoten sichern. Die Enden abschneiden.

17. Die Lederriemen zwischen der oberen Reihe des Geflechts und dem Korbrand durchschieben. Je nach Form Ihres Lenkers müssen Sie eventuell eine andere Position wählen.

15. Das Ende des ersten Strangs in eine Nadel einfädeln und um die Staken und den Rand schlingen. Rund um den Korbrand mindestens 3 Runden arbeiten, um den Rand zuverlässig zu sichern.

Adressen

Bei den folgenden Firmen und Geschäften kann man die Materialien für die Projekte in diesem Buch beziehen. Ich empfehle Ihnen, sie möglichst persönlich auszusuchen, um sich besser mit ihnen vertraut zu machen und die Qualität kritisch zu prüfen.

Gräser/Bast (Raffia)
Gartencenter
Selbst schneiden und trocknen
Bastelgeschäfte
creativ-discount.de

Plastikschnüre
Unter Bezeichnungen wie »Scoubidou« oder »Flechtschnüre« bei amazon.de

Peddigrohr und Werkzeug
Polstereibetriebe, die auch Flechtstühle aufarbeiten
gut sortierte Bastelgeschäfte
rattan-petrak.de
de.naturtrend.com
peddigrohr.net
korbwerkstatt-krines.de

Baumwollkordel
Polstereibedarf (Paspelkordel)
modulor.de
creativ-discount.de

Jute- und Sisalgarn auf Rollen
Bastelgeschäfte
modulor.de
idee creativ
idee-shop.com
creativ-discount.de

Textilfarben
Drogeriemärkte

Lampenfassung mit Kabel
Baumärkte, Elektrofachhandel, gut sortierte Möbelhäuser mit Leuchtenabteilung
Amazon.de

Leder- und Jeans-Maschinennadeln und extrastabiles Nähgarn
Stoff- und Kurzwarengeschäfte

Korbböden mit vorgebohrten Löchern
Bastelgeschäft
basteln.de.buttinette.com

Lederriemen für Fahrradkorb
Sattler, Schuster
Etsy.com/de

Sonstige Werkzeuge
Bastelgeschäft, Baumarkt

Register

A
abwandeln, Projekte 71
Afrika 10, 13, 74
Ahle 19
Amerika 13
Asien 10, 13, 74
Aufbewahrungskörbe
    Ali-Baba-Korb 63–69
    Korb mit flachem Deckel 58–62

B
Bambus 10, 13
Bananenblätter 10
Bandmaß 19
Bast 13, 22, 42
Baumwolle 16, 108, 124
    Baumwollkordel 16
Bindfaden 19
Binsen 22
Blumenampel 130–135
Bodenkreuz 76
Bogenrand 104
Brüchigkeit, Peddigrohr 88

D
Deckel 62, 68
Design 71

E
Einkaufstüten 13
Europa 10

F
Fahrradkorb 136–140
Farbe 45
färben, Peddigrohr 91
    gefärbtes Körbchen 86–89
Flechtschnüre aus Plastik 16
Flechttechnik 74
    Frühstückstablett 82–85
    gefärbtes Körbchen 86–89
    Grundtechnik 76–81
    Henkelkorb 97–101
    Lampenschirm 92–96
    Picknickkorb 102–105

G
Geschichte 10–13
Gras 16, 20–71
    Ali-Baba-Korb 63–69
    Korb mit flachem Deckel 58–62
    Mini-Körbe 40–43
    Schale mit Blütenmuster 50–53
    Schale mit Dreiecksmuster 46–49
    Spiraltechnik 24–27
    Tischsets, zweifarbige 34–39
    Untersetzer für Gläser 30–33
Griffe 61–62, 66, 68, 100, 105
Größe von Körben 71
Gummibänder 19

H
Haferstroh 22
Hanf 108
Hasel 13, 74
Henkelkorb 97–101

J
Jute 16, 108, 124

K
Klarlack 94
Knoten
    Kreuzknoten 133
    Kronenknoten 134
    Überhandknoten 27
Kokosfaser 108
Korb mit flachem Deckel 58–62
Korbboote, Vietnam 10
Körbe
    Ali-Baba-Korb 63–69
    Baumwollkordel, Körbe aus 110–117
    Fahrradkorb 136–140
    gefärbtes Körbchen 86–89
    Korb mit flachem Deckel 58–62
    Mini-Körbe 40–43
    Picknickkorb 102–105
    Spiraltechnik 24–27
    Staken und Stränge 74, 76–81
Korbgalerie an der Wand 57

Korbwaren, klassische 74–105
    Frühstückstablett 82–85
    Grundtechnik 75
    Henkelkorb 97–101
    Lampenschirm 92–96
    Picknickkorb 102–105
    Staken und Stränge 74, 76–81
Kordeln 106–121
    Kordeln, Körbe aus 110–117
    Kordeltasche 118–121
Kreuzknoten 133
Kronenknoten 134
Kultur 10–13

L
Lack, farblos 94
Lampenschirm 92–66

M
Makramee 108, 133–134
Malerkrepp 19, 138
Manila 108
Maßband 19
Materialien 16–17
Muster 71

N
Nadeln 19
nähen, Materialien 42
Nähgarn 19

P
Palmblätter 10, 13
Paspelkordel 16
Peddigrohr 10, 16, 72–105
    Behandlung, richtige 91
    einweichen 91
    färben 91
    Flechttechnik 75
    Frühstückstablett 82–85
    gefärbtes Körbchen 86–89
    Henkelkorb 97–101
    lackieren 94
    Lampenschirm 92–6
    Picknickkorb 102–5

Staken und Stränge 74, 76–81
   Stärken, Übersicht 75
Pflanzenfasern 108, 124
Picknickkorb 102–105
Plastikschnüre 16

R
Ränder 140
   Bogenrand 104
Rattanpalme 74
Rohr siehe Peddigrohr

S
Schalen
   Schale mit Blütenmuster 50–53
   Schale mit Dreiecksmuster 46–49
Schere 19
Schnur 16, 122–140
   Blumenampel 130–135
   Fahrradkorb 136–140
   Grundtechnik 124, 126–129
Scoubidou-Schnüre 16
Segge 22
Seitenschneider 19
Sisal 10, 13
Sisalschnur 16, 108, 124
Spiraltechnik 10, 13, 22
   Ali-Baba-Korb 63–69
   Korb mit flachem Deckel 58–62
   Mini-Körbe 40–43
   Schale mit Blütenmuster 50–53
   Schale mit Dreiecksmuster 46–49
   Spiraltechnik 24–27
   Tischsets, zweifarbige 34–39
   Untersetzer für Gläser 30–33
Staken und Stränge, Stärken 75
Stecknadeln 19

Stillleben arrangieren 45
Strandhafer 16
Straußgras 22
Sukkulenten 132
Süßgras 16, 22

T
Tablett 82–85
Taschen
   Henkelkorb 97–101
   Kordeltasche 118–121
Telefonkabel 12
Texturen 45
Tischsets, zweifarbige 34–39
Überhandknoten 27
Untersetzer für Gläser 30–33

W
Wäscheklammern 19
Weide 13, 74
Weizen 16
Werkzeug 18–19

Z
Zange 19

Literaturliste

Meilach, Dona Z. *A Modern Approach to Basketry With Fibers and Grasses* (Crown Publishers, 1974)
Rosengarten, Dale. *Grass Roots: African Origins of an American Art* (Museum for African Art, 2008)
Wright, Dorothy. *The Complete Book of Basketry* (David and Charles, 1992)

Dank

Als ich über diesen abschließenden Text nachdachte, fielen mir viele großartige Leute ein, denen ich danken möchte.

Da wäre zuerst meine Familie, die mich auf Schritt und Tritt unterstützt. Während der Arbeit an diesem Buch haben wir uns viel zu selten gesehen. Das wird jetzt anders, und ich freue mich sehr auf euch.

Troels – mein Komplize und »Assistent« – hat an diesem Buch ebenso viel Anteil wie ich. Danke, dass du mir jeden Tag die Hand gehalten und über Phasen des Zweifelns geholfen hast. Welch ein Glück, dass du zu meinem Leben gehörst.

Danke an meine liebe Freundin Victoria, die mich während des gesamten Buchprojekts – von der ersten Idee bis zum gedruckten Buch – unterstützt hat. Diese Freundschaft bedeutet mir sehr viel, und ich bin gespannt, was die Zukunft für dich bereithält.

Meinen anderen Freundinnen möchte ich sagen, dass ich wieder da bin. Danke für euer Verständnis, eure Geduld und Ermutigung.

Ein besseres Team hätte ich mir nicht wünschen können. Danke an das fantastische Duo Harriet und Gemma für hilfreiche Ratschläge und Geduld, und an das übrige Team bei Quadrille/Hardie Grant für ihre Mitwirkung. Besonderen Dank an das Styling-Genie Nuala.

Seit langer Zeit habe ich mir gewünscht, einmal mit Penny zu arbeiten. Ihr danke ich für die wunderbaren Fotos, die so viel Leichtigkeit ausstrahlen.

Danke auch an Sidy für die lange Reise nach Dakar, um die fantastischen Fotos der Mädchen aufzunehmen. Deine Fotos, die von deinem Talent erzählen, gehen nun auf Weltreise. *Merci, mon ami,* für deine Großzügigkeit.

Danke an alle treuen Kunden, die das kleine Unternehmen *La Basketry* unterstützen. Jede Bestellung und jedes ermutigende Wort bedeutet uns viel. Auf eine gute Zukunft.

Zu guter Letzt möchte ich all den Handwerkern – und vor allem Handwerkerinnen – danken, mit denen ich zusammenarbeiten darf und von denen ich viel lernen konnte. Danke für eure Inspirationen und euer Vertrauen in Mamy und mich. Ich bin stolz darauf, eure wunderschönen Produkte zu präsentieren.